Autodefesa Energética
O Curso

Nova Edição, Revista e Aumentada

DENIS ALVES VIATICO

Para a minha filha Bruna, minha inspiração maior e minha testemunha nos melhores anos da minha vida.

*É o único responsável pela sua vida. Não importa o que a
sua mãe lhe fez ou o que o seu pai deixou de fazer.*

Somos responsáveis por nossas vidas. E o que a vida?

*O que são todas as flores, rochas, árvores, seres
humanos?*

Energia.

*Somos responsáveis pela energia que criamos
para nós próprios, e somos responsáveis pela energia
que transmitimos a outras pessoas.*

Oprah Winfrey

PREFÁCIO

O contador de histórias sabe o compasso da sua voz, constrói a narrativa num crescendo de emoções paralelas a uma criatividade singular. O contador de histórias será sempre a voz que embala o público, conduzindo-o pela sua mão, para que juntos alcancem a alquimia de um interior e caminhem na direção da renovação, através da experiência.

O Mestre Denis Alves Viatico é um destes contadores de histórias dos tempos modernos, dono de uma voz quase hipnotizante e criador de cenários ínfimos de possibilidades. São sábias as suas palavras, de conversas transparentes e com um poder singular de recriação.

O Curso de Autodefesa Energética® é um projeto vanguardista, desenvolvido pelo Mestre Denis Viatico, em 2005, com o intuito de proporcionar aos participantes, independente da faixa etária ou ramo profissional, as ferramentas essenciais para que qualquer um de nós possa desenvolver uma consciência ativa e disciplinada da própria energia, assim como da energia circundante.

Ao longo de várias páginas e sob a voz murmurante do Mestre, o leitor mudará para sempre a percepção de si mesmo, à medida que olha para dentro de si, vigiando os seus pensamentos e manifestações físicas.

Este é mais que um livro de ensinamentos ou que um «manual» de atitudes. Estas são as páginas de um novo «Agora» que têm por missão a peregrinação até ao amor pelo EU e transfigurar o reflexo que vemos no espelho. Um livro essencial e um companheiro de viagem que irá certamente acompanhá-lo num novo despertar da mente e dos sentidos físicos, e cultivar uma «nova personalidade emocional». À semelhança das ações de formação que têm sido desenvolvidas pelo Mestre Denis Viatico e que permitiram o crescimento ativo das fundações deste projeto, o leitor poderá esvaziar-se do seu padrão de ação, recorrendo a pequenas práticas essenciais, que encontrará aqui descritas, e solidificar a sua capacidade de análise e resiliência.

Certamente terá a oportunidade de absorver, e até mesmo de se reconhecer, em algumas das histórias ou situações descritas pelo Mestre, recolhendo dentro si os componentes necessários que lhe permitirão abandonar o ser disperso que outrora foi, e tornar-se você mesmo na sua prioridade imediata.

Não deixando de recordar que este livro é, sobretudo, um complemento do Curso de Autodefesa Energética® e não deve ser assumido como o relato escrito do curso em si, tomarei a liberdade de o descrever como o projeto inédito que o Mestre Denis Viatico tem vindo a consolidar, em consecutivas palestras, formações, tertúlias e reportagens. Em todos estes eventos é lhe, sobretudo, característica a autenticidade e clareza de discurso na forma de transmitir conhecimento, assim como o sentido de humor e as associações metafóricas, a que recorre frequentemente para proporcionar melhor compreensão ou até mesmo uma «reflexão das intra- atitudes». São verídicas as suas histórias, bem como a sua experiência pessoal de vida, permitindo-lhe não permanecer, em exclusivo, na fronteira da teoria. Para além de uma voz única, de uma atitude de paz e serenidade, a sua presença nunca é imperceptível ao público que o recebe, nem indiferente aos que optam por um acompanhamento contínuo nas suas consultas.

Neste seu percurso, já longo, tem sido considerado por muitos como «mestre motivador» e a viagem que iniciou, há uns anos, com a iniciativa «Mensagem da Semana» atinge hoje em dia grande número de seguidores, que buscam nas suas palavras um percurso para um caminho de luz e paz interior.

Agora que por conspiração do acaso cruzou estas páginas, desfrute da viagem que está prestes a embarcar e ouse não recear!

Sandra Marques

INTRODUÇÃO

Há muitos anos, quando ainda vivia em São Paulo, costumava assistir a um programa de televisão que se chama Vídeo Show. Esse programa semanal de entretenimento era, na altura, apresentado pelo ator Miguel Falabella, que tinha o hábito de concluir cada emissão com uma mensagem sua. Uma dessas mensagens viria a mudar profundamente a forma como eu passaria a olhar para o mundo à minha volta. Falabella começou por afirmar que, se existia algo que o deixava chateado, era quando ouvia alguém dizer que estava desiludido com uma outra pessoa, já que, na visão de Falabella, no momento em que você cumprimenta alguém pela primeira vez, deve ser capaz de analisar que tipo de indivíduo se trata, apenas com um aperto de mão!

Ao ouvi-lo, senti-me motivado a investigar a verdade por detrás daquelas palavras, no sentido de confirmar se tudo seria efetivamente como o ator afirmava. Passei desta forma, a observar o comportamento de todas as pessoas com quem contatava no meu dia-a-dia. Cheguei então à conclusão que, ao auto-observar-me e ao observar outras pessoas, tornei-me num *scanner* da minha energia e, principalmente, da energia dos outros. Percebi que tudo aquilo que acontecia comigo estava diretamente relacionado com a energia que eu próprio carregava, em cada momento. Pude ainda constatar que a minha energia é sensível às emoções e estados de espírito que albergo no meu íntimo. Com a tomada de consciência destes fatos, passei a encarar o mundo em meu redor de forma diferente e a ser mais compreensivo e compassivo com os outros. Mais tarde, o estudo e prática da filosofia Budista viriam a ensinar-me, mais profundamente, a importância de observar o próprio corpo, as sensações, os pensamentos e os sentimentos. Somos responsáveis pela energia que criamos para nós próprios, e somos também responsáveis pela energia que transmitimos a outras pessoas.

São esses os princípios da autodefesa energética.

Em 2005, já a viver em Portugal, desenvolvi o Curso de Autodefesa Energética® com o objetivo de fornecer a médicos, enfermeiros e terapeutas, ferramentas que os tornassem aptos a evitar ou contornar situações ou distúrbios relacionados com assimilação de energia de outras pessoas, principalmente dentro do espaço de trabalho desses mesmos profissionais.

Nessa época, comecei a ter contato frequente com terapeutas e enfermeiros, não apenas no meu dia-a-dia como terapeuta de medicina chinesa, mas também nas formações de Reiki, por mim lecionadas, no Instituto Português de Naturologia. Acabei por chegar à conclusão que os terapeutas, com quem convivia, estavam a "morrer aos poucos", por não saberem desconectar-se da energia que assimilavam no quotidiano de trabalho.

Muitos destes profissionais chegavam, ao final do dia, exaustos e desvitalizados, alguns passaram a ter pensamentos de suicídio, outros tinham discussões permanentes em casa com seus companheiros, outros ainda tratavam os filhos de forma extremamente ríspida, etc. Tudo sem um motivo aparente, que justificasse tais comportamentos. Tudo como reflexo da energia de outras pessoas que estes profissionais acabavam, inconscientemente, por levar para casa e que influenciavam, de forma negativa, as suas vidas.

Senti, então, a necessidade de desenvolver algo a pensar

nessas pessoas, nesses profissionais, que, na sua maioria, não sabiam como se defender ou impedir que essas energias interferissem nas suas vidas.

Durante algumas conversas que tive com terapeutas e enfermeiros sobre esse assunto, pude notar que todos estes estavam bastante mais preocupados com a energia, mais concretamente com a "má energia", dos outros. Os poucos, que tinham alguma consciência do que se passava nas suas vidas, atribuíam a outras pessoas os sintomas que sentiam, quando na verdade deveriam estar, sobretudo, focados neles próprios, principalmente no papel que desempenhavam dentro do processo de assimilação de energia.

Existe uma participação do próprio indivíduo quando este sente, por exemplo, uma dor de cabeça, um peso no ombro, quando começa a ter pensamentos estranhos sem razão aparente, quando chora sem motivo, quando sente frio durante um dia de grande calor, quando sofre acidentes consecutivamente, quando a vida parece bloqueada e nada parece dar certo...Estes, são apenas alguns exemplos de sintomas de assimilação de energia de outras pessoas.

O que fazer? A resposta está em aprender a andar, única e exclusivamente, com a sua própria energia, sem a energia de mais ninguém. É preciso aprender a preservar a energia individual, o que não significa evitar o contato com outras pessoas, mas sim desenvolver consciência energética e presença de espírito. É necessário "estar em casa". Falo da única e verdadeira casa que possuímos e que é o nosso corpo, a casa do nosso espírito. E o espírito estará onde a atenção estiver centrada.

O primeiro passo é desenvolver autoconsciência energética. Se eu não conhecer a minha energia, também não consigo saber de que forma estou a permitir que outras energias externas entrem na minha vida e interfiram no meu dia-a-dia.

Como posso me defender sem saber de onde vêm os «tiros»?

A primeira formação do Curso de Autodefesa Energética®, realizada a nível mundial, decorreu em 2005, no Instituto Português de Naturologia do Porto, em Portugal. Teve a duração de 8 horas e contou com a participação de 19 enfermeiros e 3 médicos. Atualmente, esta formação está aberta ao público em geral e tem duração de 12 horas, divididas em dois dias de aprendizagem.

A autodefesa energética é, sem qualquer dúvida, uma experiência individual. Cada um de nós encontra-se, no presente momento, num estágio de desenvolvimento e, por isso mesmo, cada pessoa possui níveis diferentes de bloqueios energéticos ou psíquicos. Por isso, a maior pretensão desse livro é orientar o leitor, ao longo de uma jornada, que durará toda a sua vida. Não pretendo com esse livro fornecer fórmulas mágicas, mas por outro lado dar a conhecer as ferramentas, para que qualquer pessoa consiga preservar a própria energia, física e psíquica, e experienciar uma vida livre de bloqueios energéticos e confusões espirituais.

Durante as próximas páginas, iremos realizar uma viagem ao longo de sete capítulos, através dos pilares do Curso de Autodefesa Energética®.

Uma boa viagem a todos!

1. O SEU ESPÍRITO ESTARÁ ONDE A SUA ATENÇÃO ESTIVER

A autodefesa energética

Você deve viver em estado de constante atenção. Atenção com o corpo, com as sensações, com os pensamentos e com os sentimentos.

Ensinamento budista

Cada um de nós é um espírito que habita um corpo. O corpo é a casa do espírito - a única casa que você possui realmente. Ele deve ser um sistema de suporte para o seu espírito e a sua mente. O corpo e a mente trabalham juntos. Trate o seu corpo como um templo sagrado, pois é isso mesmo que ele é: um templo de energia, vitalidade e força! Muitas vezes o espírito está pronto, mas o corpo ainda está fraco. Cuide do seu templo.

É disto que se trata a autodefesa energética: cuidar do templo. Manter as suas portas fechadas, o que não significa evitar ou isolar-se das outras pessoas, mas ter plena consciência do que acontece com esse templo, através da auto-observação e, se necessário, eliminar bloqueios energéticos que nele possam existir, por meio de práticas de autodefesa energética. Enquanto temos a atenção voltada para o corpo, as portas do templo permanecem fechadas. No entanto se o abandonamos, por muito tempo, prestando-lhe pouca atenção, este torna-se desprotegido e fica de portas abertas.

E o que pode acontecer quando se abandona a própria casa, deixando-a, desprotegida e com as portas abertas? Provavelmente, encontrar algo ou alguém indesejado a habitar essa casa. Um pensamento ou sentimento negativo, uma tensão, outro espírito...

Quais são, portanto, os momentos em que abandonamos a nossa casa?

Aqui ficam alguns exemplos:

   - Quando deixamos de prestar atenção a nós próprios e ao que estamos a fazer, em dado momento.
   - Quando nos deixamos afetar pela baixa vibração energética de outras pessoas.
   - Quando nos enervamos.
   - Quando não estamos de espírito presente,

pelo fato de preenchermos a mente com demasiadas coisas, ao mesmo tempo. Neste exato momento, tornamo-nos mais vulneráveis a pequenos acidentes ou quedas.

- Quando alimentamos sentimentos ou conversas negativas.

- Quando passamos um longo período sem dormir ou sem descansar.

Há uns anos, uma paciente que queria fazer sessões de Acupuntura e Reiki entrou no meu gabinete com as seguintes queixas: sentia um enorme peso no topo da cabeça, caminhava com o olhar voltado para o chão (quando erguia a cabeça sentia vertigens e, por isso, havia o risco de sofrer uma queda), isolava-se das outras pessoas e evitava lugares onde houvesse luz; tinha insônia, falta de apetite e pensava constantemente em suicidar-se. Um caso para muito trabalho, verdade. Mas não me impressionaram as suas inúmeras queixas, mas sim o fato de ela saber exatamente de onde surgiram todos esses sintomas e distúrbios! Contou-me que começou a sentir todos esses sintomas, após uma conversa que teve com uma amiga que a procurava, apenas, quando precisava desabafar e falar das desgraças da sua vida. Segundo a minha paciente, esta sua amiga possuía todos os sintomas e distúrbios acima descritos. Contou-me também que aquela tinha sido a última vez que esteve com a tal amiga, e que essa estava a poucos dias de se mudar para outra cidade. Ela tinha consciência que, enquanto a ouvia «despejar o seu lixo», o seu corpo absorvia todos esses sintomas. A questão primária aqui é que esta paciente tinha a sua atenção, totalmente focada, nas desgraças que ouvia dessa pessoa. A sua casa estava, desta forma, aberta e desprotegida.

O seu espírito estará onde a sua atenção estiver.

Manter as portas de casa fechadas significa estar consciente de tudo o que se passa, dentro e ao redor desse espaço habitacional. De forma alguma, significa isolar-se das outras pessoas, mas sim estar consciente da energia do seu próprio corpo e da energia circundante, enquanto contata outras pessoas.

Apesar de fechada, a casa deve manter-se constantemente ventilada e limpa, para que a energia flua livremente no seu interior. Isso supõe que devemos manter o nosso corpo asseado e descontraído, a fim de evitar que se formem bloqueios energéticos. A tensão muscular é uma das principais causas de bloqueio energético, uma vez que limita a circulação sanguínea e a respiração - dois dos veículos da energia que circula no nosso corpo.

Tudo é energia e, portanto, bloqueios energéticos podem surgir em vários setores da nossa vida. Permitir que o corpo repouse e fazer uma boa alimentação, também são alguns dos cuidados necessários para uma boa manutenção da saúde energética.

Esponja energética

Qualquer um de nós pode tornar-se, a dada altura, numa esponja energética. No momento em que deixa de estar atento à própria energia e ao próprio corpo, passando a dedicar 100% da sua atenção à outra pessoa e ao que esta lhe está a dizer, você estará num processo de fusão energética com essa pessoa, tornando-se desta forma numa esponja energética.

A questão é que muitas pessoas não têm consciência de quando ou como isso acontece e transportam consigo, durante muito tempo, a energia de outros, o que geralmente produz efeitos nefastos.

Tive como paciente um médico que contatava, diariamente, com doentes terminais. Durante uma consulta contou-me que lhe haviam dito que ele era uma esponja energética. Entretanto, quem o disse não lhe explicou o que isso significava. Sugeri-lhe que falasse um pouco mais sobre o seu dia-a-dia.

Mencionou-me que, na relação diária com esses doentes terminais, frequentemente os ouvia relatarem como as suas vidas haviam sido infelizes, que mais valia estarem mortos do que estar a dar trabalho aos outros, etc. Disse-me que, no final do dia de trabalho, quando regressava a casa, não conseguia deixar de pensar em tudo o que ouvia dos seus doentes e que ficava a sentir imensa pena deles. Nesse momento aponto-lhe o dedo e exclamo: «*É aí que você se torna uma esponja!*»

Espantado ele pergunta-me: «*Então o que posso fazer?!*» A minha resposta foi a seguinte:

Tem que aprender a deixar todas essas pessoas no hospital! Não as leves com você!

O mais curioso é que, nesse período da sua vida, ele discutia quase diariamente e sem motivo com a filha adolescente e muitas vezes com a mulher, o que demonstra que sua vida familiar já estaria a sofrer as consequências negativas, resultantes do fato de transportar toda energia de outras pessoas, para dentro do seu lar. Um claro exemplo de um corpo (casa) afetado pela energia de outras pessoas.

O seu espírito estará onde a sua atenção estiver.

É preciso aprender a andar, única e exclusivamente, com a energia individual e adotar uma postura mais adequada no contato com outras pessoas, seja durante um tratamento ou durante uma simples conversa.

Meditação e meditação de cura

Seu espírito estará onde a sua atenção estiver. Ter presença de espírito é, portanto, ter a atenção concentrada no seu templo, a casa do espírito.

Uma das melhores formas de se alcançar tal presença é através da meditação. Meditar é zelar pelo corpo e pela mente. Através da meditação é possível estar de espírito presente e ter consciência de tudo o que nos acontece. Enquanto meditamos, vigiamos o que se aproxima do corpo e da mente e decidimos o que entra e o que fica do lado de fora. A assimilação de energia de outras pessoas ocorre ao nível do corpo e da mente por afinidade, como veremos mais à frente.

Meditar é estar no presente. Meditar consiste em concentrar a mente num «objeto» que pode ser a própria respiração, uma imagem mental, um som ou simplesmente uma parte do corpo.

A meditação reduz a ansiedade, desenvolve uma respiração

equilibrada e profunda, e melhora a oxigenação e o ritmo cardíaco. Os benefícios a nível do sono são visíveis na obtenção de um repouso mais tranquilo, sem interrupções. Aumenta a capacidade de concentração e o auto-conhecimento. Um excelente exercício para quem deseja cuidar do seu templo sagrado!

Na prática de autodefesa energética, será mais vantajoso para o praticante se este conseguir desenvolver o hábito de meditar, enquanto faz as atividades normais do dia-a-dia, como comer e caminhar.

Estar com a mente focada no presente é um pré requisito para se "estar de espírito presente". Cada vez que se lamenta sobre o passado ou se projeta no futuro, não está de espírito presente. Uma das melhores formas de alcançar o objetivo de se manter no "agora" é concentrar a atenção no presente. Se reparar, tudo aquilo que foi lido por si até agora nesse livro já faz parte do passado, mas a respiração, por exemplo, está sempre no presente. Cultive o hábito de observar a própria respiração.

Meditação de cura

Para além de nos ajudar a viver o presente, a meditação também pode ser usada com o objetivo de cura.

Se pensarmos que um distúrbio ou doença se reduz à energia estagnada, é possível usar a mente para desfazer tais bloqueios, por meio da meditação. O processo é bastante básico e a respiração é geralmente o veículo de cura.

A seguir, descrevo uma técnica simples e extremamente eficaz que costumo utilizar nos meus cursos e sessões terapêuticas. Aqui escolho tratar o sentimento "angústia", mas esta técnica de cura pode aplicar-se a qualquer outro sentimento negativo, como a raiva ou o medo.

Da teoria à prática...

1. Encontre uma posição confortável.
2. Faça uma inspiração profunda e enquanto solta o ar lentamente, sinta o seu corpo relaxar cada vez mais.
3. Repita essa respiração profunda por mais duas vezes.
4. Observe o seu corpo, procurando identificar uma parte (ou partes) do seu corpo, onde exista tensão provocada pela angústia. Procure de forma tranquila e leve o tempo que for necessário.

5. Assim que identificar essa parte (ou partes) do seu corpo, visualize uma mancha escura nessa (s) área (s).

6. Imagine que, no momento em que inspira, absorve energia de cura da Natureza e quando expira, essa energia percorre o seu corpo até atingir a área onde existe tensão. De cada vez que essa mesma região é atingida, a mancha que representa o ponto de tensão torna-se mais clara e mais fraca. Sinta a tensão e a angústia desaparecendo a cada expiração. Caso sinta tensão em mais do que uma área do corpo, trabalhe apenas uma área de cada vez.

7. Persista até que a mancha desapareça totalmente.

8. Visualize um ponto de luz na área que foi curada.

9. Agradeça.

2. DESENVOLVER AUTOCONSCIÊNCIA ENERGÉTICA

A auto-observação

Orai e vigiai – Jesus Cristo

Imagine que, após estar com uma determinada pessoa, verifica que começa a sentir um mal-estar nos ombros e uma leve dor de cabeça. Como ter a certeza que tais sintomas já existiam antes desse contato? Como garantir que foram assimilados energeticamente durante esse mesmo contato? É muito difícil, diria até impossível, ter tal certeza sem se auto-observar continuamente.

Através da auto-observação aprende-se, naturalmente, a identificar alterações de humor, pensamentos negativos, alterações do ritmo cardíaco e respiratório, tensão muscular, alterações na produção de saliva, entre outros fenômenos

27

que possam indicar assimilação de energia de outras pessoas.

A assimilação energética é inevitável. Estamos, constantemente, a absorver energia de outras pessoas. A questão reside na interferência negativa dessa absorção e no impacto que provoca no bem-estar do indivíduo. Conheci, ao longo dos últimos anos, casos de pessoas com tendências suicidas, que maltratavam aos filhos ou que, de um momento para o outro, passaram a ter uma péssima autoestima. Cheguei a ter, como paciente de Reiki, uma terapeuta que tinha ótima aparência, estava sempre alegre e com boa disposição, mas sempre que estava deitada na mesa de massagem a receber tratamento, coisas irreais aconteciam, desde ouvirmos constantemente o som de uma mosca (que não existia), até o fato de quererem arrombar a porta do consultório sempre que ela lá se encontrava! Isso mesmo! Batiam incessantemente na porta do gabinete, com força, até eu interromper a sessão e abrir a porta, para que percebessem que o consultório estava fechado por algum motivo! E isso ocorria constantemente, em todas as sessões, com essa terapeuta. Para não falar ainda, no cheiro de urina que ficava no ar, a seguir a cada sessão, e a sensação de sufoco que eu próprio sentia após terminar. Todavia a terapeuta nunca apresentou grandes queixas e dizia que queria receber Reiki porque precisava relaxar a mente. Passados alguns meses, fiquei a saber, através da própria, que esta, sem se aperceber, simplesmente já não se alimentava, isolava-se das outras pessoas e de lugares com iluminação, e pensava constantemente na morte. Não tinha idéias suicidas, mas pensava constantemente no assunto morte. Este é apenas um exemplo de muitos que conheci, de profissionais que se tornavam verdadeiras esponjas energéticas, por não conseguirem se libertar da energia que absorviam de seus pacientes e porque, simplesmente, não tinham consciência dessa assimilação, e das suas consequências. Não se observavam.

Como podemos constatar, a prática da auto-observação é um princípio básico da autodefesa energética. Afinal, não é possível defendermo-nos, sem antes saber de onde vêm os tiros!

Sensações, processos fisiológicos, sentimentos e emoções

Durante o Curso de Autodefesa Energética®, logo no início do primeiro dia, os participantes têm a oportunidade de contatar alguém com quem já não se relacionavam, há muito tempo: eles próprios. Durante a primeira parte desse dia, praticam a auto-observação e tiram apontamentos sobre tudo aquilo que conseguem ter percepção, enquanto observam sensações físicas como a dor, o «formigueiro» e a tensão muscular. A seguir observam eventos como o bater do coração e a produção de saliva e, concluem essa primeira parte, observando os próprios sentimentos e estado de humor que apresentam naquele dado momento.

Com a prática, é possível inspecionar todos esses pontos, num minuto apenas.

No final da primeira parte, discute-se sobre o que foi apontado e reflete-se sobre tudo o que ainda mais pode ser observado nesses tópicos.

Da teoria à prática...
Observar sensações, processos fisiológicos e sentimentos

1. Encontre uma posição confortável e tenha papel e caneta à mão.

2. Observe cada um dos seguintes tópicos, apontando tudo o que conseguir notar. É normal sentir alguma dificuldade em expressar em palavras aquilo que estamos a sentir, porém com a prática fica cada vez mais fácil.

Tópicos:

a. Tensão muscular
b. Dor
c. Temperatura corporal
d. Sensação de formigueiro
e. Produção da saliva
f. Transpiração
g. Estado mental
h. Batimento cardíaco
i. Sentimentos

É natural não conseguir apontar qualquer comentário sobre alguns desses tópicos pela razão de não termos o hábito de observá-los, mas com a experiência torna-se mais fácil e simples. Procure apontar o que surgir na sua mente e comece pelo mais básico. Assinale mentalmente em que parte do seu corpo consegue notar sensações como: tensão nos ombros, costas, pernas, etc, e expresse, por exemplo, da seguinte forma: «sinto tensão nos ombros».

Relativamente ao batimento cardíaco, este pode estar tranquilo, acelerado, fraco, entre outros. Normalmente, quando existe uma alteração de humor, tensão ou pensamentos negativos, o batimento cardíaco altera-se.

Dedique especial atenção à observação dos seus sentimentos. Absorver energia de outras pessoas pode produzir sentimentos negativos como a raiva, a tristeza ou a angústia, podendo desenvolver estados depressivos e fobias. É muito importante ter consciência dos sentimentos que se alberga em cada momento.

A respiração

Prosseguindo com a prática da auto-observação, analisa-se agora a respiração. A respiração é um veículo da energia e merece especial atenção. Quando nos tornamos mestres da respiração, também nos tornamos mestres da nossa própria energia. Uma pessoa consciente da sua respiração terá maior sucesso na prática de defesa energética, pois quando se trata de acionar as técnicas de autodefesa energética, a respiração possui um papel central.

É possível, através da respiração, evitar ou eliminar bloqueios energéticos.

Há uns anos, participou dessa formação uma senhora que, pelo simples fato de circular num local onde estivessem muitas pessoas, ficava com a barriga inchada. Bastavam apenas uns quinze minutos a caminhar num shopping, por exemplo. Ela havia, através da auto-observação, percebido dois fatores importantes. Primeiramente conseguiu identificar a principal porta de assimilação de energia de outras pessoas no seu corpo: a região abdominal. Em segundo lugar, conseguiu descobrir em que circunstâncias a sua barriga inchava e que tal acontecia quando estava cercada de muitas pessoas. Achei realmente notável a sua capacidade de auto-observação, uma vez que esses fenômenos, de forma geral, passam despercebidos ou são habitualmente associados a distúrbios digestivos.

Muito bem! Faltava apenas a esta senhora entender como contornar essa situação.

Segundo constatei, ela havia desenvolvido uma forma de respirar deficiente, uma vez que o fazia de forma superficial e incompleta. Ao invés de inspirar a partir do abdômen, para em seguida expandir o tórax e então soltar o ar, a partir do peito até o abdômen, sua respiração concentrava-se apenas na região do tórax. Após muitos anos a reproduzir esse padrão respiratório, desenvolveu-se um bloqueio energético no tórax, alterando-lhe o sistema nervoso e diminuindo a qualidade do sono. Por outro lado, essa forma superficial e limitada de respirar (comum nos tempos que correm, devido essencialmente ao stress a que somos expostos) limitava a circulação de energia no seu ventre, o que constituía uma porta aberta para a assimilação de energia de outras pessoas.

Sugeri-lhe apenas que começasse a alongar sua respiração, utilizando a região abdominal e torácica, e passado um mês o problema estava resolvido. A energia já fluía naturalmente no seu ventre e todos os bloqueios desapareceram.

Posso desta forma concluir que, alongar a respiração é a primeira atitude a tomar assim que se verificar qualquer alteração em algum dos tópicos que estivemos a observar até agora (tensão muscular, batimento cardíaco, estado mental, etc.). Agora é hora de aprender como se faz:

Da teoria à prática...
Alongar a respiração

1. Encontre uma posição confortável. Sugiro que para este exercício esteja deitado, de barriga para cima.
2. Pouse uma mão sobre o peito e outra sobre o ventre.
3. Observe por alguns segundos a sua respiração.
4. Agora inspire a partir do ventre. Enquanto inspira, a mão que está pousada no ventre é a primeira a elevar-se e a seguir será a mão pousada sobre o peito.
5. Ao expirar, comece por soltar o ar,

primeiro do peito e depois do ventre, fazendo dessa forma um movimento ondular.

6. Repita os passos 4 e 5 por mais quatro vezes.
7. Coloque as mãos ao lado do corpo e siga praticando o exercício por mais quatro vezes.
8. Pratique diariamente.

Respirar bem e de forma correta é como abrir as janelas de casa! Renova a energia!

Após aprendermos a alongar a respiração, estamos prontos para observar e fazer apontamentos sobre os diversos aspectos da respiração. Tal prática irá capacitar o praticante, de forma natural, a identificar alterações de estados emocionais e mentais. Quanto mais observar a sua respiração, mais harmonioso, emocional e mentalmente você será. Sempre que existir tensão e emoções ou pensamentos negativos, é comum respirar-se de forma superficial ou acelerada. À medida que alongamos e acalmamos o ritmo respiratório esses sintomas tendem a desaparecer, muitas vezes instantaneamente.

Da teoria à prática...
Observar a respiração

1. Encontre uma posição confortável. Pode estar deitado, sentado ou até mesmo de pé.
2. Concentre a atenção na sua respiração. Respire naturalmente, sem tentar controlá-la.
3. Comece por observar até onde, no seu corpo, consegue sentir a sua respiração. Consegue senti-la no tórax? A fluir naturalmente pela garganta? Consegue sentir sua respiração nos ombros? Consegue senti-la na região abdominal? Observe e aponte tudo.
4. Agora observe apenas a primeira fase da respiração; a inspiração.
5. Observe, em seguida, apenas a fase de expiração. Nota alguma diferença entre a fase de inspiração e a fase de expiração?
6. Agora observe apenas a pausa natural que ocorre entre o inspirar e o expirar.
7. Sinta o relaxamento que ocorre em todo o seu corpo durante essa pausa.
8. Como classificaria a sua respiração? Parece constante? É suave ou brusca? Superficial ou profunda? É rápida ou lenta? Observe.

A energia circundante

Quando o assunto é autodefesa energética, desenvolver consciência da energia que nos rodeia é tão importante quanto ter consciência da nossa própria energia, pois a energia de um indivíduo pode também ser afetada por toda a energia que o circunda.

Quem, de entre nós, nunca entrou num espaço e sentiu uma vibração pesada, «carregada»? A questão contrária é igualmente pertinente: Já entrou num local em que se tenha sentido bem, com boa disposição, relaxado, confiante e alegre? Na primeira situação existe um desequilíbrio entre a energia da pessoa e a energia do espaço onde ela se encontra, fato que deixará essa pessoa mais vulnerável energeticamente, pois irá baixar a sua vibração energética. Já na segunda situação existe um alinhamento entre a energia individual e a energia do espaço.

Observe-se agora. Observe os sentimentos e sensações despertadas pela energia do espaço em que se encontra nesse momento. Sinta a energia desse espaço. Como se sente? Bem? Observe. Existe algo nesse espaço que o incomoda? Ruídos, temperatura, cheiros ou a luminosidade? Se estiver confortável e nada o estiver a incomodar, então grave no seu íntimo essa sensação de bem-estar como sendo o seu padrão energético. De agora em diante, sempre que estiver num espaço no qual a vibração energética não está alinhada com o seu próprio padrão energético, poderá optar por se recordar deste seu padrão e reproduzir as sensações de bem-estar no seu corpo. Outra alternativa será utilizar a técnica de libertação voluntária de energia (descrita no capítulo 6), para alterar a vibração energética desse local, criando desta forma um escudo protetor em seu redor. Em alternativa, poderá simplesmente abandonar o espaço em que se encontra.

Sentir a energia

Durante o primeiro dia de formação realizam-se também exercícios que ajudam o aluno a familiarizar-se com a própria energia e a aprender a movimentá-la pelo seu corpo. A maioria dos exercícios é praticada em duplas e requer intervenção contínua do formador. Mas deixo aqui um exemplo de um exercício que é executado individualmente:

Da teoria à prática...

1. Encontre uma posição confortável, de preferência de pé ou sentado.
2. Una as mãos em forma de oração, ao nível do umbigo, com os dedos direcionados para frente.
3. Concentre sua atenção nas palmas das mãos. Sinta a energia a concentrar-se entre elas e aguarde até que comecem a aquecer.
4. Afaste as mãos cerca de 15 ou 20 centímetros, mantendo as palmas voltadas para dentro e ombros relaxados.
5. A partir da sua vontade própria e da sua intenção, exteriorize energia da palma da mão direita para palma da mão esquerda. Sinta a energia saindo da palma da mão direita e atingindo a esquerda.
6. Sinta a palma da mão esquerda a aquecer cada vez mais, enquanto a energia aí se concentra.
7. A partir da sua intenção, desloque a energia concentrada na palma da mão esquerda para o cotovelo esquerdo. Aguarde até senti-lo aquecer.
8. Movimente a energia para o ombro esquerdo. Aguarde até senti-lo aquecer.
9. Movimente agora a energia para o seu ombro direito e aguarde alguns segundos.
10. Desloque a energia ao longo do braço direito até chegar à mão direita. Sinta a

energia concentrar-se na palma da mão direita.

11. Coloque a palma da mão direita numa parte do seu corpo, que possa na sua opinião necessitar de energia, deixando a mão permanecer nessa região, por dois minutos.

12. Descontraia.

O «Eu Padrão»

No final da primeira parte do primeiro dia de formação, sugiro que cada um dos alunos descreva, a partir da auto-observação praticada nessas breves horas, o «Eu Padrão», energeticamente falando. O exemplo que costumo sugerir é o que se segue e você também pode orientar-se por ele:

«Eu, Denis Viatico, geralmente tenho a mente serena e os músculos relaxados, um padrão respiratório suave, minhas mãos geralmente não transpiram, nunca sinto dores de cabeça...»

Geralmente essa é a primeira vez que o participante descreve-se baseando-se na auto-observação de sensações, processos fisiológicos e sentimentos. O importante a reter será que o aluno realize uma prática contínua da auto-observação para, num futuro próximo, voltar a descrever as características do seu «Eu Padrão». A partir dessas características, tudo aquilo que se desviar desse padrão poderá ser visto como um possível caso de assimilação energética. Se sinto uma dor de cabeça, por exemplo (que definitivamente não faz parte do meu padrão), passarei em revista as últimas horas do meu dia a fim de encontrar uma causa para a tal dor. Entretanto, posso chegar a conclusão que essa foi provocada por algo que comi no almoço.

Cada pessoa deve, com a prática, ser capaz fazer a sua própria leitura do que está a sentir, isenta de opiniões de terceiros, à medida que vai ampliando sua auto-consciência energética.

Observe-se

Esteja atento a todas as reações que consiga notar no seu corpo e mente. Acredite, quando você estiver na presença de uma pessoa amiga, por exemplo, ocorrerão reações físicas e mentais, desde mudanças no estado mental, no padrão de pensamento, um bater mais rápido do coração ou uma sensação de paz, etc. Entretanto, sentirá algo completamente diferente quando estiver com o seu filho e completamente diferente quando estiver na presença do seu chefe. Refiro-me a algo que pode ser sentido se você se mantiver atento e praticar essa observação. Com cada uma das pessoas com quem estiver, sentirá uma sensação diferente, por isso, observe-se.

3. ENERGIA

Tudo é energia

Amai-vos e ajudai-vos uns aos outros a atingir níveis mais elevados, simplesmente derramando, espalhando amor. O amor é a maior e mais contagiante energia de cura

Sai Baba

O Curso de Autodefesa Energética® tem como principal objetivo fornecer, a quem o frequenta, as ferramentas que lhes permitam eliminar bloqueios energéticos que possam existir nos seus corpos, mentes, vidas. A eliminação de tais bloqueios resulta numa cura a todos os níveis: físico, mental, emocional e espiritual.

Tudo é energia. Nós, e tudo o que existe à nossa volta, somos energia. Portanto, bloqueios energéticos podem surgir em qualquer setor de nossas vidas, podendo manifestar-se em forma de uma doença, de distúrbios psicológicos, uma situação de desemprego ou até um relacionamento que começa a fracassar.

A autodefesa energética depende, antes de qualquer outro fator, de um boa manutenção da saúde energética. Durante este capítulo conheceremos um pouco melhor as formas de bloqueio energético; as principais atitudes que mais consomem energia; os vampiros de energia e a importância de se manter descontraído, para praticar uma boa autodefesa energética.

Sobre o bloqueio energético

Os bloqueios energéticos são produzidos através das nossas ações, pensamentos e sentimentos como o medo, a culpa ou a raiva. Se exercemos tensão prolongada no pescoço, por exemplo, o sangue passa a fluir com dificuldade nessa zona. Sendo o sangue um importante veículo de energia no corpo físico, tal tensão fará despertar um bloqueio de energia, que se traduzirá num torcicolo/dor de pescoço.

A questão mais relevante a reter é a que somos responsáveis pela maior parte dos bloqueios energéticos existentes em nosso corpo e mente. Um pensamento negativo, produz um sentimento negativo, que por sua vez produz tensão e um provável bloqueio energético.

Dentro do meu conceito de autodefesa energética, exploro durante a formação dois tipos de bloqueio energético: o Autobloqueio e o Bloqueio Externo.

O Autobloqueio Energético

O Autobloqueio é o tipo de bloqueio energético de maior relevo, pois cada um de nós é responsável pela maioria dos bloqueios energéticos que existem no nosso corpo e na nossa vida. Estamos, constantemente, a «fabricar» bloqueios no próprio corpo, a partir de sentimentos negativos como a raiva, a angústia, o medo ou a ansiedade.

Por falta de autoconsciência, fruto de uma vida, em grande parte direcionada para o exterior e vivida em função dos outros, submetemos o nosso corpo a níveis de tensão elevadíssimos, fato que poderia ser evitado se vivêssemos com presença de espírito.

Pense por momentos: o que acha que acontece com o seu corpo quando se preocupa com as contas que tem para pagar? Quando se encontra com aquele colega de trabalho que você não suporta ter por perto? Quando sente raiva? Quando sente medo ou quando não consegue dormir porque tem a mente inundada de pensamentos e preocupações?

Sabe qual é a resposta? O seu corpo comprime-se! Maxilar, mandíbula, músculos, órgãos internos, artérias, etc, e dessa forma surgem os bloqueios energéticos que nós próprios produzimos. Mais cedo ou mais tarde, algo irá materializar-se a partir de toda essa tensão. Uma doença, provavelmente. Pense nisso.

Da teoria à prática...
O corpo submetido à tensão

1. Encontre uma posição confortável. Será preferível que outra pessoa leia as linhas que se seguem para que possa concentrar-se a 100% no exercício.
2. Feche os olhos.
3. Aqui e agora, vai focar sua mente numa situação ou experiência recente, onde tenha sentido raiva ou agido de forma hostil para alguém, ou talvez consigo mesmo.
4. Visualize a situação como se estivesse a passar por ela nesse exato momento.
5. Traga à sua mente todas as pessoas, todo o diálogo, os sons e até mesmo os cheiros que fizeram parte desse acontecimento desagradável.
6. Enquanto usa sua imaginação para trazer de volta essa experiência, procure notar as mudanças que ocorrem na sua respiração.

7. Observe as mudanças que ocorrem no seu ritmo cardíaco.

8. Observe as mudanças que ocorrem na produção de saliva. Talvez a boca esteja mais seca nesse momento.

9. Observe se os músculos e ossos estão mais tensos.

10. Tome consciência de todas as alterações ocorridas em seu corpo assim que começou a focar sua mente nessa experiência negativa.

11. Faça uma respiração profunda e concentre a atenção nos pés. Sinta cada parte dos pés; calcanhares, planta dos pés, dedos dos pés. Leve o tempo que for preciso.

12. Respire profundamente uma vez mais e abra os olhos.

13. Aponte todas as alterações que conseguiu notar.

O que sentiu durante o último exercício foi produzido pelos seus pensamentos. Os sentimentos negativos como a raiva surgem a partir de pensamentos negativos. Uma forma de se evitar que surjam bloqueios energéticos no seu templo é aprender a controlar os seus pensamentos a fim de controlar os seus sentimentos.

Bloqueio Externo

O Bloqueio Externo é o tipo de bloqueio energético mais comum. É provocado pelas denominadas energias de baixa vibração, existentes no meio ambiente. Estas energias de baixa vibração existem em toda a parte, o que não significa que possam nos atingir. Para de fato ser afetado, é preciso reduzir a própria energia a uma vibração baixa. Semelhante atrai semelhante! Se você tem uma orientação negativa, irá atrair circunstâncias e pessoas negativas.

Eis alguns exemplos de ambientes ou momentos que favorecem o aparecimento desse tipo de bloqueio. Como tal, uma boa prática de autodefesa energética sugere que se evite ambientes onde existam:

- Cobiça
- Inveja
- Desespero
- Pornografia

O mais importante é «sentir» o ambiente. Com a prática dos ensinamentos transmitidos neste livro, não terá dificuldade em sentir quando o ambiente estiver «pesado» energeticamente. Curiosamente, as crianças não possuem afinidade com tais energias, portanto, não são afetadas por tais bloqueios. Quanto mais novas de idade forem, mais suas energias estarão salvaguardadas.

Saúde energética

Quanto mais saudável estiver em termos energéticos, mais facilidade terá em defender-se energeticamente. Por isso, é importante evitar atitudes que consumam as nossas energias. Eis alguns exemplos:

* *Desarrumação*
A desarrumação causa confusão mental e emocional. Como já pudemos constatar, o que acontece num plano, acontece em vários planos. Ao arrumarmos a própria casa, por exemplo, estaremos a organizar a mente e as emoções, e ainda conseguimos salvaguardar energia.

* *Preocupação contínua*
Estar sistematicamente a pensar num assunto específico, consome mais energia do que um dia inteiro de trabalho. Além disso, tal atitude apenas aumenta os conflitos internos, o que nos leva a sublinhar que é importante aprender a controlar os pensamentos, evitar o tipo de pensamento ruminante, mudar a música interna. Uma mente positiva eleva os nossos níveis de energia, enquanto

uma mente derrotista apenas consome energia atraindo circunstâncias negativas. Pense sempre em termos de progresso! Habitue-se a olhar para aquilo que parece não estar bom, como algo inacabado.

- *Viver a vida do outro*

Aquele que vive a vida do outro acaba por não ter energia para construir sua própria vida.

- *Sentimentos tóxicos*

Alimentar sentimentos tóxicos como a raiva, a mágoa, a angústia, o ressentimentos e a culpa provoca bloqueios energéticos, em todos os setores da nossa vida, e é o principal fator responsável para que essa vida se torne estagnada e infrutífera. Tais sentimentos consomem a energia da alegria, da confiança, da amizade, da fé e de outros sentimentos positivos, que nos ajudam a superar obstáculos e a viver uma vida plena.

- *Viver a mentira*

Pior do que aquelas mentiras que contamos aos outros, são as que nós próprios vivemos e que se tornam num palco de representação. Muita energia é consumida na tentativa de sustentar uma mentira.

- *Falta de perdão*

Perdoar significa deixar para trás ressentimentos, mágoas e

culpas. Libertar-se e olhar em frente. Alimentar feridas do passado, reduz bastante a energia e bloqueia o caminho para uma vida feliz. Carregar ressentimentos é estar carregado de energia negativa.

- *Fugir do presente*

O seu espírito estará onde a sua atenção estiver. Saudosismo, apego a lembranças do passado, dificuldades em ultrapassar traumas, colocam suas energias no passado. Desta forma, depositar a sua felicidade numa época já vivida, deixa pouca ou nenhuma energia no presente, que é onde se constroem as vidas.

- *Maus hábitos e falta de cuidado com o corpo*

O seu corpo é a sua casa. Precisa de descanso, de atividade física, de lazer e de uma boa alimentação. Hábitos saudáveis constroem um corpo saudável. Evite situações que lhe provoquem stress.

Vampiros de energia

Outro objetivo importante e, em grande parte, determinante na garantia de uma boa saúde energética, será o de evitar os *"Vampiros de Energia"*. Esta designação de vampiros de energia aplica-se a pessoas que, por não conseguirem reter a própria energia, estão sempre carentes, e numa constante necessidade de absorver a energia dos outros. Normalmente, somos abastecidos energeticamente por energia imanente, energia presente em toda a parte. O vampiro de energia não consegue reter energia imanente, tendo como única opção sugar a energia de outras pessoas.

Já alguma vez se viu numa situação de conversa com uma dada pessoa e reparou que começava a ficar com sono, enquanto ela parecia cada vez mais animada? Pois é... Esse é um exemplo de presença de um vampiro de energia. Existem outros tipos e é importante saber identificá-los, para poder defender-se deles. Os vampiros de energia atuam de forma inconsciente e, por isso mesmo, não devem ser hostilizados, até porque qualquer um pode ser um vampiro de energia: eu, você, um amigo ou um parente.

Depoimento de uma aluna sobre a sua experiência com um vampiro de energia.

Eu e a Maria começamos por ter uma amizade normal: tínhamos gostos em comum, saíamos para os mesmos locais e isso fez com que, de uma forma natural, nos aproximássemos. Mas a Maria era uma pessoa com excesso de peso, muito pressionada pela família em emagrecer, tinha uma depressão grande embora alternasse entre estados de humor de grande euforia e de tristeza

*profunda. Ela estava medicada mas insistia em beber
álcool em excesso e em vitimizar-se muitas vezes para
conseguir o que queria.*

*É claro que perante uma pessoa assim nós cedemos uma,
duas, três e mais vezes, acabamos por ficar um pouco
reféns da vontade daquela pessoa, não é por pena, mas
antes pela amizade e por um certo instinto de proteção.
Sem reparar eu tornei-me um pessoa diferente, eu que
adoro rir-me de tudo e por tudo, comecei a fechar-me num
casulo. Depressiva, sem força, sem ânimo. A minha mãe
foi a primeira a notar, antes mesmo dela me dizer que eu
devia afastar-me um pouco da Maria, a minha melhor
amiga já havia tomado uma posição radical dizendo que
nunca mais haveria de tomar café comigo e com a Maria
juntas porque a Maria parecei pior que um namorado
ciumento, exigindo a minha atenção a todo o momento.
Continuei a sair e a estar com ela, até que um dia a
minha mãe decidiu intervir mais seriamente: chamou duas
amigas minhas lá à casa para falarem comigo, para
confirmarem que eu estava uma pessoa diferente e que
tinha de me afastar. Foi como um balde de água fria.
Nesse momento olhei para mim e de fato perguntei "o que
se passa contigo?" "quem é este ser amorfo?" Não era eu
certamente. Embora esgotada de energia decidi sair por
cima e voltar a ser quem sou. Tive de me afastar.*

12 Tipos de vampiros energéticos

Basicamente, existem dois tipos de vampiros de energia:

Vampiros Ilusionistas

Esses são do tipo manipulador. Recorrem a vários meios e estratégias para forçar a vítima a concentrar neles toda a atenção, ficando essa com sua casa energética desprotegida, e tornando-se, dessa forma, uma presa fácil para os vampiros.

Vampiros Desestabilizadores

Têm como estratégia enfraquecer o estado de espírito da vítima, enfraquecendo suas defesas energéticas.

Um vampiro energético pode recorrer a diversas "manobras" para desestabilizar a vítima e consumir a sua energia. Veja a seguir doze desses exemplos:

1. **Imitação** - O vampiro tenta lentamente assumir a identidade energética da vítima, imitando seus traços de personalidade, modo de falar, forma de vestir, traços físicos (como a cor de cabelo), e integrando-se no mesmo círculo social, profissional e/ou familiar.

2. **Egocentrismo** - Fazem de tudo para controlar a vida da vítima criando dependência; marcam compromissos e não comparecem, mantêm a pessoa refém de uma relação amorosa que nunca avança, mas também não permitem que essa mesma termine, iludem com promessas que nunca se cumprem, e dessa forma vão controlando e garantindo a sua presença na vida da vítima, enquanto lhe sugam as energias.

3. **Tagarelice** - Pessoas que "falam pelos cotovelos", mantendo a atenção da vítima entretida. Gostam de se ouvir discursar enquanto sugam a energia do interlocutor, através da atenção e destaque que procuram durante esse "tempo de antena".

4. **Agressão verbal e/ou física** - Tentam desestabilizar a vítima, alimentando nela um estado de raiva, através de agressões verbais ou até físicas. São indivíduos que vêem na agressividade a única solução para as suas carências.

5. **Lamentações** - Aqui, a manobra para atrair a atenção e sugar a energia é despertar o sentimento de pena, através de lamentações. Fazem-se de vítimas e estão constantemente a chorar as suas desgraças.

6. **Perguntas e mais Perguntas** - À semelhança dos vampiros sugadores de energia que "falam pelos cotovelos", aqui a tática é disparar uma série de perguntas, umas a seguir às outras, sem dar hipótese de resposta à vítima, que fica confusa e, energética e mentalmente, perturbada.

7. **Um poço de doenças** - Indivíduos que tendem, habitualmente, a inventarem doenças para, dessa forma, chamar a atenção e despertar preocupação e um sentimento de piedade na vítima.

8. **Cobranças afetivas** – Cobram, insistentemente, a atenção e a presença física da pessoa, despertando nela um sentimento de culpa.

9. **Lista de reclamações** - Reclamam de tudo: do clima, do governo, da entidade patronal, da falta de dinheiro, da vida, etc. Se está tudo bem, reclamam, se está tudo mal, reclamam também.

10. **Falsos elogios** - Louvam a vítima através de excessivos elogios, geralmente falsos, com o objetivo de lhe despertar a vaidade, cativando assim toda a sua atenção.

11. **Segura e não larga** - Aqui, o vampiro de energia, enquanto interage com a vítima, segura-lhe a mão, o braço, coloca-lhe uma mão sobre o ombro, alisa-lhe as costas e aproxima-se tanto para falar com a pessoa que esta tem a impressão que será lambida pelo vampiro a qualquer momento.

12. **Críticas destrutivas** - Alguns recorrem a críticas destrutivas para falar mal de tudo e todos, fazendo a vítima entrar em negatividade, questionamento interior e fraqueza energética.

Esses são apenas alguns exemplos e, se estiver realmente atento, vai ver que há muitos mais.

Não tente combatê-los. Evite-os simplesmente! Evite conviver com eles, se deseja preservar a sua saúde energética.

Concluo esse capítulo partilhando uma breve história que aconteceu entre um paciente, que chamarei de João, e um "vampiro egocêntrico", que chamarei de Dani.

Há tempos, João conheceu Dani pela Internet, através de uma rede social. Trocaram algumas mensagens e imagens, e tudo indicava que este se tratava de um início de uma história de amor. "Adoro-te" pra cá, "Amo-te" pra lá..., sexo virtual pelo telefone, muitas mensagens escritas, etc. Dani garantia estar livre e morava não muito distante, no entanto e apesar de todos os apelos por parte de João para se encontrarem fisicamente, nunca permitia que isso acontecesse. Um dia Dani dizia que tinha uma reunião, noutro dia justificava-se com a necessidade de fazer uma viagem distante, até chegou a enviar uma imagem de uma perna engessada (que supostamente era dela, pois não se via o seu rosto) e que seria uma desculpa para justificar a impossibilidade de estarem juntos.

Mas a questão central aqui é que, sempre que João tentava dar um basta a este teatro, Dani entrava em desespero, perguntava ao João se lhe tinha feito algo de mal , dizia que o amava e não conseguia viver sem ele, e João cedia, recuando na sua decisão, mas sem nunca conseguir estar pessoalmente com Dani, que continuava a inventar desculpas absurdas para evitar um encontro, sem nunca o libertar. Quando conversei com João pela primeira vez, esse "filme" já durava quatro meses! E ele ainda demorou alguns meses para se convencer que estava a investir numa pessoa que apenas o queria controlar e "alimentar-se" da sua atenção e energia.

Evocar um vampiro energético

Se você conhece algum vampiro de energia, evite falar sobre ele, pois mesmo à distância, este conseguirá ser bem sucedido no seu intento de sugar a sua energia. O simples facto de pronunciar o seu nome fará com que a sua energia seja drenada. Durante a apresentação da primeira edição deste livro no Instituto Português de Naturologia do Porto, um dos participantes interrompeu minha apresentação para partilhar com os restantes presentes o motivo do seu interesse por esse livro; conhecia uma pessoa que lhe sugava a energia de forma consciente, de propósito. Mas ela falou tanto dessa pessoa e com tamanha efusão, que acabou por trazer a energia desse vampiro para dentro da sala. O resultado? Eu, ela e algumas pessoas ficamos exaustos. Como eu estava preocupado em conduzir a apresentação do meu livro, também não me protegi da melhor forma.

Descontrair

Durante o curso, ouço sempre alguém dizer que é muito difícil evitar ser afetado pela «má onda», ou má energia de alguns colegas de trabalho. Costumo sugerir que se mantenham descontraídos antes, durante e a seguir ao contato com tais colegas. Embora, no início, não seja uma tarefa fácil, com a prática os tais colegas tornam-se praticamente invisíveis.

A melhor forma de se evitar o surgimento de um bloqueio energético, no nosso corpo ou na nossa vida é manter-se descontraído. Manter o corpo tenso limita a circulação sanguínea e a respiração - dois processos fisiológicos que funcionam como condutores energéticos do nosso corpo. Além disso, o fato de estar descontraído, durante uma conversa, por exemplo, irá evitar que o seu corpo e sua mente assimilem energia de outra pessoa, o que poderá ser muito útil, caso o conteúdo da conversa seja negativo. A tarefa de se manter relaxado irá obrigá-lo a focar a sua atenção em cada parte do seu corpo. Desta forma, conseguirá garantir que o seu templo permaneça fechado e protegido de outras energias. Saliento que corpo e mente descontraídos são importantes aliados, quando existem bloqueios, sejam estes de ordem criativa, seja num relacionamento ou numa situação qualquer onde a energia pareça estar estagnada, como numa situação de desemprego. Quanto mais tenso estiver, menos alternativas serão encontradas e maior será o desespero. Relembre que o desbloqueio começa a partir de um corpo e uma mente relaxados.

Da teoria à prática...
Relaxamento.

1. Encontre uma posição confortável, de preferência deitado, com a barriga voltada para cima e com as pernas estendidas.
2. Inspire de forma profunda, soltando o ar lentamente. Enquanto solta o ar, sinta o corpo cada vez mas relaxado, solto e livre de tensões.
3. Concentre sua atenção nos pés. Sinta cada parte dos pés, calcanhares, planta dos pés, dedos dos pés, peito dos pés...
4. Sinta os tornozelos, músculos e ossos da perna.
5. Sinta os joelhos.
6. Sinta os músculos e ossos das coxas.

7. Sinta cada parte da anca; músculos, ossos, órgãos genitais.
8. Sinta a região abdominal.
9. Sinta as costelas.
10. Sinta os músculos e ossos do tórax.
11. Sinta os ombros.
12. Simplesmente sinta os braços, antebraços, mãos e dedos das mãos.
13. Sinta toda a musculatura das costas.
14. Sinta a coluna vertebral, de uma ponta à outra.
15. Relaxe o pescoço.
16. Relaxe o maxilar e a mandíbula, deixando os dentes levemente relaxados.
17. Relaxe a língua e os lábios.
18. Descontraia as maçãs do rosto.
19. Descontraia o nariz e narinas.
20. Descontraia os músculos à volta dos olhos e mantenha-os fechados.
21. Relaxe todo o rosto, o couro cabeludo e as orelhas.
22. Respire, naturalmente, sentindo o seu corpo completamente relaxado e livre de tensões.
23. Permaneça em relaxamento, o tempo que desejar. Quando quiser desfazer a postura, faça antes uma respiração profunda e retorne.

Procure praticar essa técnica de relaxamento, pelo menos, três vezes por semana. Um corpo descontraído não padece. Contudo a contração cria bloqueio energético e este mesmo bloqueio energético gera doenças físicas, psicológicas e espirituais. Esteja atento. Sempre que notar contração no rosto, nas costas, nos ombros, ou noutra parte do corpo, descontraia, relaxe, dizendo a si mesmo *«relaxe os ombros»*, *«descontraia o rosto»*. Pratique esta postura durante o tempo todo, esteja onde estiver. Isso também serve para os pensamentos negativos. Ordene-os para que eles desapareçam: *«Isso não é meu! Não preciso desse pensamento para nada!»*

4. NENHUMA ENERGIA PODE LHE AFETAR, A NÃO SER QUE PERMITA

Assimilação de energia

Grande parte das pessoas que procuram essa formação, estão bastante mais preocupadas com a energia ou "má energia" dos outros do que com a própria energia e não se preocupam, sobretudo, em saber de que forma permitem que essas energias invadam suas vidas. Existe, de fato, uma participação da própria pessoa quando esta é afetada por outras energias. Ela permite que isso aconteça, consciente ou inconscientemente.

Pode evitar-se ser afetado pelas energias de outras pessoas, mantendo-se consciente da energia do próprio corpo e da energia circundante. Como já tivemos oportunidade de verificar no primeiro capítulo, a meditação permite-nos estar de espírito presente e ter consciência de quase tudo o que acontece no corpo e na mente. Enquanto meditamos, vigiamos tudo aquilo que se aproxima do corpo e da mente e decidimos o que entra e o que fica do lado de fora.

A assimilação de energia de outras pessoas ocorre ao nível do corpo e da mente por afinidade, o que significa que atraímos somente um tipo de energia que esteja em sintonia conosco. Basicamente, um estado de espírito negativo atrairá pessoas e circunstâncias negativas, enquanto um estado de espírito positivo resultará em circunstâncias positivas.

Relato sobre assimilação de energia

Essa história aconteceu pouco antes da realização da primeira edição do Curso de Autodefesa Energética, em 2005, num SPA, onde eu trabalhava nessa altura.

Estávamos eu e mais dois terapeutas, a conversar na cozinha, a tomar chá, e eis que uma terapeuta, que fazia massagens de reflexologia podal, olha para o relógio e diz: «está na minha hora, tenho uma sessão agora.»

Até a esse momento, ela estava com boa disposição, animada, até porque estávamos a rir muito, num ambiente descontraído na cozinha do SPA. Então ela dirige-se até ao gabinete onde aconteceria a sessão e, passados 50 minutos, ela volta da sessão e parecia que tinha envelhecido 20 anos!

Sem exageros! Penso que ela tinha mais ou menos 25 anos e parecia ter regressado de uma batalha! Estava muito cansada, abatida, e afinal, só tinha ido dar uma massagem aos pés do paciente. No entanto, esta terapeuta, por não saber preservar sua energia durante o tratamento, absorvera todo o stress, o cansaço e a ansiedade que haviam levado o paciente a procurá-la.

Beber água

A água ajuda a renovar e repor a energia despendida pelo corpo físico, para além de acelerar o metabolismo.

Um dos primeiros sintomas de assimilação de energia (também comum quando se está na presença de um vampiro de energia) é sentir a boca seca. Tenha sempre uma garrafa de água por perto durante as sessões.

Lavar as mãos, fazer xixi e beber água

Esse é um ritual importante para qualquer pessoa que deseje limitar a assimilação de energia de outras pessoas e principalmente para quem é uma esponja energética, e tem dificuldade de se libertar da energia que absorve. O ritual tem o objetivo de se libertar da energia assimilada durante um contato ou uma conversa, mesmo que essa seja à distância.

A seguir a uma conversa, uma sessão terapêutica ou contato de outra natureza, deverá:

1. Lavar as mãos e, mentalmente, pronunciar: *liberto-me dessa energia através da água.*
2. Fazer xixi enquanto diz mentalmente: *liberto-me dessa energia através da urina.*
3. Beber água enquanto diz mentalmente: *renovo a minha energia através dessa água.*

Lavar os cabelos

Os cabelos constituem a parte do corpo que mais retém energia assimilada de outras pessoas, daí a importância de se lavar o cabelo sempre que possível.

Já experimentou esfregar um lápis no seu cabelo e depois aproximar o lápis de um punhado de papel picado? Boa parte do papel irá "colar-se" ao lápis, pois este fica magnetizado após ter sido esfregado no cabelo. Provavelmente, não se consegue o mesmo resultado esfregando o lápis em qualquer outra parte do corpo. Isto serve de exemplo do poder de magnetismo/atração dos cabelos.

Possíveis sintomas de assimilação de energia

Eu diria que estamos, constantemente, a assimilar energia de outras pessoas. A questão é quando essa absorção interfere de forma negativa no quotidiano ou na vida da pessoa. É extremamente vital que evite transportar a energia dos outros consigo. Eis alguns dos prováveis sintomas de assimilação de energia de outras pessoas:

- Maus tratos aos que lhe são mais próximos, sem justificação: filhos, companheiros, amigos, parentes, empregados;
- Barriga inchada;
- Sentir frio quando faz calor, e vice-versa;
- Pensamentos suicidas;
- Dor de cabeça;
- Sensação de peso nos ombros;
- Choro sem justificação;
- Insônia/excesso de sono;
- Acidentes;
- Vida bloqueada;
- Exaustão;
- Alterações de humor.

Quais atitudes devo tomar antes, durante e após contatar outras pessoas a fim de me proteger energeticamente?

Antes do contato:

- Manter-se relaxado e com a atenção voltada para o seu corpo.
- Exteriorizar energia, com o objetivo de formar uma aura de energia protetora à sua volta (ver exercícios do capítulo 6).
- No caso de se tratar de uma sessão de tratamento médico ou terapêutico, exteriorize energia no interior do gabinete ou espaço de trabalho.

Durante o contato:

- Manter-se, durante todo o tempo, relaxado e com a atenção voltada para o seu corpo. Foque-se, por exemplo, numa parte do próprio corpo enquanto dedica parte da sua atenção a outra pessoa. Caso o assunto seja negativo, tente alterar a vibração energética do indivíduo apelando a uma conversa mais positiva. Caso não resulte, mantenha a maior parte da sua atenção concentrada para si próprio, sem dar muito enfoque ao que lhe está a ser dito. Não permita ser desestabilizado.

- Vigie o seu corpo constantemente, a fim de desfazer qualquer tipo de tensão, mal ela surja.

- Durante uma sessão de tratamento mantenha 50% da atenção voltada para o próprio corpo, e os restantes 50% de atenção focados na pessoa em tratamento. Quando pergunto a terapeutas de Reiki porque se descalçam quando estão a transmitir Reiki, estes respondem-me que o objetivo deste ato é libertar energia por meio da planta dos pés. Todavia isso não será 100% eficaz, caso o terapeuta esteja a contrair os ombros e o rosto (muito comum acontecer) enquanto estiver com as mãos pousadas sobre o paciente. Nesse caso, a energia permanecerá retida no físico do terapeuta.

- Exteriorize energia. Não esqueça que exteriorizar energia também é curar.

Após o contato, no dia-a-dia

- Despeça-se da pessoa, tendo em mente que também se está a despedir de sua energia. Evite pensar na pessoa ou no que foi dito por ela, mesmo que se trate de um amigo. Na verdade, não o vai conseguir ajudar mais por estar a pensar nele!

- Adote a seguinte rotina, seguindo estes passos: Lavar as mãos; urinar para libertar energia; lavar as mãos novamente e beber água, para assimilar energia universal.

Após contato médico/terapêutico

- Despedir-se da pessoa/paciente
- Mudar o forro da cama/marquesa
- Arejar o espaço, abrindo janelas e portas, para renovar a energia
- Lavar as mãos, urinar para libertar energia, lavar as mãos novamente e beber água, para assimilar energia universal.
- Evitar pensar na pessoa ou no que foi dito por ela, durante a sessão. Enquanto estiver a pensar na pessoa ela continuará ao seu lado energeticamente. Despeça-se de sua energia não pensando mais no assunto.
- No final do dia, despeça-se da energia de todas as pessoas que foram recebidas durante as sessões. Não as leve consigo para casa.

A autodefesa energética no dia-a-dia:

- Mantenha-se descontraído.

- Pratique a auto-observação. Pode também incluir exercícios específicos, como observar a própria respiração durante cinco minutos.
- Cultivar atitudes e sentimentos que garantam bem-estar.
- Estar atento à energia circundante.
- Lavar o cabelo, sempre que possível. Grande parte da energia assimilada dos outros fica alojada no cabelo.
- Após o contato, lavar as mãos, urinar para libertar energia, lavar as mãos novamente e beber água, para assimilar energia universal.
- Cercar-se de tudo o que lhe trouxer felicidade e contentamento: amigos, pessoa amada, familiares, música, livros, diversão...

Estar a 100%

No decorrer de uma formação realizada em Lisboa e enquanto falava aos participantes sobre manter 50% da atenção voltada para o próprio corpo, durante um tratamento a que está a ser realizado ou durante uma simples conversa, interrompo minha dissertação para ouvir a questão da enfermeira Paula, que tinha o braço erguido. Pergunto-lhe se tem alguma questão e ela responde-me:

"Sim Denis…acho um pouco estranho esse conceito de dedicar apenas 50% da atenção a uma pessoa que está a ser tratada. Quando estou a tratar de alguém gosto de estar a 100%!"

Após ouvi-la, sugeri-lhe que pensasse no que tinha acabado de dizer, uma vez que estar a 100% é a principal meta dos ensinamentos do Curso de Autodefesa Energética®. O objetivo é, justamente, fornecer aos participantes ferramentas que os possibilitem estar a 100%, durante a maior parte do tempo, estejam estes onde estiverem. Prossegui, explicando-lhe que, se ela tivesse que atender uma pessoa diferente por hora e se, logo na primeira hora ela desse 100% da sua atenção a essa mesma pessoa (repare que atenção e energia representam o mesmo), ela não estaria energeticamente forte o suficiente para tratar os pacientes seguintes. Além disso, ficaria também mais vulnerável para assimilar a energia dessas pessoas. Paula acabou por concordar com o meu conceitos

Não é normal estar cansado

Certo dia, quando voltava da minha hora de almoço, fui abordado pela recepcionista do espaço onde trabalha na altura. Ela trazia a agenda nas mãos e transmitiu-me a seguinte mensagem:

«Boa tarde Sr. Denis. Esteve aqui uma senhora que queria marcar uma consulta de Reiki para as 14:30. Disse-lhe que o único horário livre era o das 17:00 e ela me respondeu que não queria que fosse ao final da tarde porque você estaria muito cansado (???). Então perguntei-lhe se ela o conhecia e ela respondeu que não, mas que sabe que você irá estar cansado porque ela também é terapeuta e costuma estar muito cansada a partir das 16 horas...»

Foi pena essa terapeuta não ter participado do Curso de Autodefesa Energética®...Se, por exemplo, um terapeuta trabalha das 10 às 19 horas e não preserva a sua energia durante os tratamentos, vai estar "morto" quando forem cerca de 15, 16 horas. E depois? E como será com as outras pessoas que ainda serão atendidas por esse mesmo terapeuta?

Nesse exemplo, o/a terapeuta não conseguirá estar a 100% quando atender os pacientes seguintes, o que é uma falta de cuidado e de respeito pela energia desses mesmos pacientes, e deixará o terapeuta ainda mais susceptível à assimilação de energia dessas restantes sessões.

Não é normal estar cansado ao final de um dia a dar consultas...

5. NENHUM DISTÚRBIO, FÍSICO OU PSICOLÓGICO, CONSEGUE HABITAR UM CORPO EMOCIONALMENTE EQUILIBRADO

Fixar sua mente no melhor é cercar-se do melhor, é transformar-se no melhor. O poder criativo dentro de nós nos faz à imagem daquilo a que damos atenção. A mente grata é constantemente fixada no melhor, a mente grata espera continuamente coisas boas. Agradeça continuamente. Seja grato por cada coisa boa que venha até você.

Denis Alves Viatico

O papel das emoções

Hoje tenho 43 anos e possuo um organismo saudável e livre de doenças. Porém, aos 23 foi-me diagnosticada artrite reumatóide, uma doença que se caracteriza pela inflamação das articulações. Cheguei a acordar em estado de choro, porque não conseguia abrir a boca, pois tinha a mandíbula paralisada.

Nessa altura, tinha também muitas crises de herpes labial, e apresentava indícios de sistema imunitário debilitado. Uma amiga que soube que eu andava a ter crises de herpes labial, praticamente todas as semanas, sugeriu que eu tomasse Florais de Bach, que ela própria preparava. Os Florais de Bach são essências de plantas e flores que têm o objetivo de tratar distúrbios através do equilíbrio emocional. Basicamente, essa amiga colocou-me uma série de questões, cujas respostas resultariam num floral específico para o meu organismo. Ela garantiu-me que, com a utilização do floral, as minhas crises de herpes labial iriam se tornar muito mais espaçadas e provavelmente acabariam por desaparecer. Respondi-lhe a todas as questões e despedi-me dela. Contudo, quando ia a caminho de casa, surgiu-me a seguinte questão: *«será que seria importante ter-lhe dito que eu sofro de Artrite reumatóide?»* - pensei.

No dia seguinte, voltamos a nos encontrar e quando lhe falei sobre a minha doença, o mais surpreendente foi a sua reação:

«Porque fizeste isso contigo?!!» - exclamou atônita.

Segundo ela, a artrite reumatóide está relacionada com um padrão de pensamento exigente e autocrítico. Na altura não acreditei em nada disso, mas a verdade é que, nos anos que se seguiram, esses conceitos vieram ao meu encontro através de diversos mestres. Um desses mestres foi o médico naturopata Apollinaire Dschoutezo, que conheci aos 29 anos e que deu inicio à cura da minha doença através da mudança dos meus hábitos alimentares. A cura definitiva da doença aconteceu aos 33 anos, através do Reiki. Com tratamento recomendado pelo médico Dschoutezo, consegui estabilizar e impedir o avanço da doença. Mas o padrão de pensamento autocrítico ainda existia e só desapareceu, através da prática dos Princípios e dos autotratamentos de Reiki.

Hoje tenho plena consciência do papel das emoções no aparecimento das doenças.

Emoções, saúde e doença

As emoções podem ser provocadas pelo pensamento ou pelas sensações. Pensar em alguém que amamos provoca saudades, por exemplo. Já a sensação de dor pode provocar angústia e desânimo.

Os padrões de pensamento insistentes criam, com o passar do tempo, disfunções no funcionamento do nosso corpo.

Uma das maiores autoridades mundiais nesse assunto é a investigadora e psicóloga Louise Hay.

No livro *Você Pode Curar a Sua Vida*, Louise Hay fornece

uma vasta lista de doenças e respectivos padrões de pensamento nocivos, assim como os pensamentos que podem nos libertar dessas circunstâncias. Um livro de leitura obrigatória, na minha opinião.

Aproveito agora para deixar alguns exemplos de doenças associadas ao respectivo padrão de pensamento nocivo, e possível pensamento curador. Essa lista é também discutida durante o Curso de Autodefesa Energética®. No entanto, se desejar obter mais informações sobre as doenças e os padrões de pensamento, poderá encontrá-las no livro *Você Pode Curar A Sua Vida*, de Louise Hay.

- Alcoolismo
- Pensamento Padrão: Sentimentos de futilidade, inadequação, culpa e auto-rejeição
- Pensamento Curador: Eu relaxo o passado. Eu tenho valor. Eu me amo e me aceito agora

- Amigdalite
- Pensamento Padrão: Emoções reprimidas e medo; raiva reprimida
- Pensamento Curador: Nada impede o bom de mim. Eu permito a liberdade de expressão das ideias divinas, que fluem e ganham significado em mim

- Artrite

- Pensamento Padrão: Amargura, ressentimento, crítica, sentimentos de desamor.
- Pensamento Curador: Amor e perdão. Deixo os outros serem eles mesmos e eu sou livre

- Bursite

- Pensamento Padrão: Raiva reprimida, vontade de bater em alguém.
- Pensamento Curador: Relaxo a raiva de maneira que ela não me cause mal. O amor relaxa-me e descansa-me

- Ciática

- Pensamento Padrão: Medo do dinheiro e do futuro
- Pensamento Curador: Movimento-me no melhor de tudo. Meu bem está em todo o lugar e estou seguro

Assédio espiritual

O assédio acontece motivado pela afinidade de pensamentos, sentimentos e energias. Por exemplo, uma consciência não encarnada, que em vida foi um fumante, passa a assediar uma pessoa ainda viva, também fumante, a fim de se alimentar do vício desse indivíduo. O mesmo pode acontecer com quem é viciado em álcool ou outras substâncias.

Um exemplo positivo é o do médico que é assediado por uma consciência, com larga experiência em medicina, sempre que exerce sua profissão. Neste caso em concreto, o leitor poderá interrogar-se acerca do termo «assediar». Porque não lhe chamamos «auxílio» ou «amparo»? O assédio está presente porque o médico é inconscientemente elucidado nas soluções que obtêm. Não há o recurso voluntário a uma consciência extrafísica, nem real percepção da sua presença.

Quando um indivíduo é assediado por muitas consciências, em simultâneo, a intoxicação energética pode levá-lo a perder a sua individualidade, passando a ter comportamentos estranhos, tendo crises de histerismo, dificuldades de raciocinar etc.

Aqui estão alguns exemplos de sintomas de assédio espiritual:

- Insônia.
- Calafrios constantes.
- Distúrbios físicos, nos quais os médicos não conseguem detectar uma causa.
- Fobias repentinas.
- O indivíduo que sente muita vontade de fumar, sem nunca ter experimentado um

cigarro.

- Pensamentos ou tendências suicidas.

Mais uma vez chamo a atenção para a importância de preservar a saúde energética e física, cultivando bons hábitos e evitando vícios.

Depoimento sobre assédio espiritual

Boa tarde Denis,
Conforme prometido partilho, a seguir, a situação protagonizada pela minha mãe e por mim.
Num sábado do mês de Março faleceu uma pessoa da nossa família. Como um dos filhos não reside no Porto, optaram por fazer o enterro só na 2ª feira. Portanto, o velório realizou-se durante o fim de semana. Para não deixarmos o meu pai sozinho (está doente), combinei com a minha mãe estar eu presente no velório no sábado e no domingo e ela ir ao funeral na 2ª feira de manhã.
Dentro do possível, tanto o velório como o funeral decorreram sem sobressaltos. Na 3ª feira a minha mãe sentia-se muito em baixo, cansada, com um grande dor na cabeça e com estremecimentos no corpo. Como a minha mãe não gosta de cemitérios devido a um trauma de infância, pensei que tinha ficado afetada por causa disto (o pai faleceu quando ela era ainda criança e ela assistiu ao funeral). Não me ocorreu logo que pudesse ser outra coisa. Os dias foram passando e ela continuava com os meus sintomas. Comecei a ficar preocupada e sugeri que

chamasse o médico. Não quis, então disse-lhe que à noite (isto na 5ª feira) lhe faria um pouco de Reiki à distância. Já é uma prática recorrente entre nós, pois como o meu pai está doente é mais fácil eu fazê-lo quando ela está a descansar e ela sente-se sempre muito bem.

Preparei-me para a sessão de Reiki à distância, como é habitual, proteção, invocação dos Mestres, colocação dos símbolos e comecei. Visualizo a minha mãe deitada na cama, como é costume, e mal começo a aplicar Reiki, vejo uma "figura" a sair do corpo da minha mãe e a levantar-se da cama. Pensei "Ui, o que é isto?" Percebi do que se tratava, a minha mãe tinha trazido companhia do cemitério. Segundo percebi, era uma mulher e a intenção não foi maldosa, estava confusa e andava à procura do filho. Não sei se foi alguém que faleceu repentinamente e deixou algo por resolver. Falei-lhe com toda a calma e amor e disse-lhe que o lugar dela não era ali, que tinha de procurar a luz e seguir o seu caminho. Foi a primeira vez que algo assim me aconteceu, portanto fiz o que a minha intuição indicou e o que tinha lido em alguns livros. A situação pareceu ficar resolvida, mas continuei preocupada com a minha mãe. Como já era tarde, resolvi não a perturbar e deixei para o dia seguinte.

No dia seguinte (6ª feira) realizou-se a missa de 7º dia do nosso parente. De manhã, telefonei à minha mãe e perguntei-lhe como se sentia. Ela disse que um pouco melhor e que o peso na cabeça tinha atenuado. Lá lhe disse com cuidado que tinha sentido uma presença na sessão de Reiki e que, à noite, era conveniente fazermos uma limpeza.

Depois da missa, muni-me de sal, incenso e boa vontade e fui para casa da minha mãe. Mediante os meus conhecimentos, fiz-lhe um banho de sal, coloquei os símbolos de limpeza e proteção do Reiki e voltei a pedir "à pessoa", com toda a compaixão, para deixar aquele ambiente e partir. Foi pacífico, creio que já tinha ido (mais tarde, "disse-me" que já tinha encontrado o filho – não fiz perguntas). Coloquei o incenso numa frigideira e fui passando por toda a casa, pedindo proteção.

Em conversa com a minha mãe, contei-lhe o sucedido na sessão de Reiki à distância e ela depois me confidenciou que tinha sentido a cama a estremecer repentinamente. Mas não me tinha dito nada porque nem achava que isto fosse possível. Depois também me disse que, desde pequena, ficava muito em baixo quando ia ao cemitério. Por vezes, tiveram que recorrer a uma pessoa para desbloquear esta situação (uma vez nem se conseguia mexer).

E, pronto, foi esta a história. Um pouco forte, mas acabou por correr bem, felizmente. O curso que fiz consigo foi extremamente útil para perceber melhor como funciona a energia e porque somos por vezes "assaltados".

Já comprei e li o seu livro sobre Autodefesa Energética. Emprestei-o à minha mãe para ela aprender a proteger-se um pouco melhor.

Cordialmente,

Denis Alves Viatico

6. EXERCÍCIOS DE AUTODEFESA ENERGÉTICA

Os exercícios de autodefesa energética têm como objetivo libertar o organismo de qualquer tipo de energia estranha e serão mais eficazes se forem praticados diariamente, e não apenas utilizados como um mero recurso quando algo não estiver bem em nossa "casa". Alguém que pratique esses exercícios diariamente conseguirá libertar-se de qualquer bloqueio energético, em poucos minutos, ou até mesmo em poucos segundos. Aquele que recorre a esses exercícios, esporadicamente, pode demorar muito tempo até conseguir libertar-se de um bloqueio energético no seu organismo.

Quando se fala em autodefesa energética, o ideal será que não seja necessário recorrer a tais técnicas e isso é possível, através da prática diária da auto-observação e outras posturas descritas nesse livro.

Há uns anos, decidi jantar um grande prato de massa com legumes em minha casa, enquanto aguardava por uma aluna, que vinha de uma sessão de meditação em grupo, para realizarmos uma reunião. Quando ela finalmente chegou a minha casa tive uma sensação mais do que inesperada: estava novamente cheio de fome!

Embora a minha atenção, naquele momento, estivesse concentrada na reunião, não conseguia deixar de pensar o quão estranho era estar com fome, após ter jantado uma grande porção de massa com legumes! A verdade é que, passados alguns minutos, tive que interromper a reunião para poder concentrar a minha atenção no meu organismo, a fim de tentar perceber o que se passava comigo, naquele preciso momento. Após alguns minutos de auto-observação, conclui que minha aluna tinha trazido, da sessão de meditação de onde estivera, uma energia "estranha" acoplada ao seu corpo energético, e que essa energia estaria a me provocar tamanha fome. Sentia-me, de fato, como se estivesse com o estômago colado às costas! Sugeri-lhe que simplesmente ficasse sentada ao meu lado, enquanto eu exteriorizava energia do meu corpo, para tentar libertar-nos daquela energia em desequilíbrio. Em poucos segundos, senti todo o meu corpo ficar extremamente quente, à medida que aquela invulgar sensação de fome desaparecia. Passados 3 ou 4 minutos já não sentia fome e, no dia seguinte, fiz questão de partilhar com a minha aluna que só voltei a sentir vontade de comer quase 14 horas depois!

Até esta altura, nunca tinha posto à prova nenhum dos exercícios de libertação de energia, embora os praticasse diariamente. Desde de então, somos companheiros inseparáveis!

Agora vamos conhecê-los um a um.

O relaxamento

A postura de relaxamento é crucial, para criar um ambiente mental, mais apropriado às técnicas que se seguem. Seja como for, pratique esta técnica diariamente, quer faça outros exercícios de autodefesa energética ou não. Quanto mais descontraído estiver melhor se defenderá.

Da teoria á prática...
Relaxamento

1. Encontre uma posição confortável, de preferência deitado, com a barriga voltada para cima e com as pernas estendidas.
2. Inspire de forma profunda, soltando o ar lentamente. Enquanto solta o ar, sinta o corpo cada vez mas relaxado, solto e livre

de tensões.

3. Concentre sua atenção nos pés. Sinta cada parte dos pés; calcanhares, planta dos pés, dedos dos pés, peito dos pés.
4. Relaxe os tornozelos, músculos e ossos da perna.
5. Relaxe os joelhos.
6. Relaxe os músculos e ossos das coxas.
7. Relaxe cada parte da anca; músculos, ossos, órgãos genitais.
8. Relaxe a região abdominal.
9. Relaxe as costelas.
10. Relaxe os músculos e ossos do tórax.
11. Relaxe os ombros.
12. Relaxe os braços antebraços, mãos e dedos das mãos.
13. Relaxe toda a musculatura das costas.
14. Relaxe a coluna vertebral, de uma ponta à outra.
15. Relaxe o pescoço.
16. Relaxe o maxilar e a mandíbula, deixando os dentes levemente relaxados.
17. Relaxe a língua e os lábios.
18. Descontraia as maçãs do rosto.
19. Descontraia o nariz e narinas.
20. Descontraia os músculos à volta dos olhos e mantenha-os fechados.
21. Relaxe todo o rosto, o couro cabeludo e as orelhas.

22. Respire naturalmente sentindo o seu corpo completamente relaxado e livre de tensões.

Procure praticar essa técnica de relaxamento, pelo menos, três vezes por semana. Um corpo descontraído não padece.

Absorver energia imanente

Este exercício deve ser executado a seguir ao relaxamento. Absorver energia imanente auxilia na purificação da própria energia. Esse exercício tem o objetivo de fazer a energia circular por todo o corpo, dissolvendo bloqueios que possam estar a impedir o livre fluxo energético.

Da teoria à prática...

1. Visualize uma esfera de energia de cura, de cor verde, acima do topo da sua cabeça.
2. Visualize fachos de energia saindo dessa esfera, penetrando lentamente o seu corpo a partir do topo da sua cabeça.
3. Visualize cada parte da sua cabeça sendo preenchida por essa energia de cura, por essa energia de regeneração.
4. Visualize sua cabeça completamente preenchida por essa energia, que começa a preencher o seu pescoço, chegando aos ombros.
5. Após preencher os ombros, essa energia de

cura começa a preencher lentamente os seus braços, antebraços, mãos e dedos das mãos.

6. Veja os seus braços, antebraços, mãos e dedos das mãos completamente preenchidos por essa energia de cura, que avança preenchendo o seu tronco.

7. Visualize a cada parte do seu tronco sendo preenchido por essa energia de cura e de regeneração, que começa a preencher a sua anca.

8. Visualize cada parte da sua anca sendo preenchida por essa energia de cura, músculos, ossos, órgãos genitais.

9. Veja a energia de cura preencher suas coxas, joelhos e pernas.

10. E finalmente preenchendo tornozelos, pés e dedos dos pés.

11. Visualize o seu corpo completamente preenchido por essa energia de cura e observe a sensação por alguns instantes. É uma sensação de bem-estar. Se desejar, poderá associar essa sensação a um número, uma cor ou a um nome, e sempre que quiser reproduzir essa sensação de bem-estar no seu corpo, para isso bastará recordar-se da cor, número ou nome que ficou associado à sensação.

Pratique esse exercício diariamente. Caso tenha dificuldade em visualizar uma energia verde, imagine simplesmente que está a preencher todo o seu corpo com energia da natureza. Alias, outra boa forma de assimilar energia da natureza é estando em contato com ela, caminhando na relva ou na areia da praia, abraçando árvores, mergulhando no mar etc.

Desapegar a energia

O exercício seguinte tem como objetivo desfazer bloqueios energéticos e aumentar a sensibilidade energética do praticante, que passa a ter melhores meios de identificar as energias externas de baixa vibração.

Este exercício não requer nenhum tipo de esforço, nenhum tipo de contração muscular. Quanto mais relaxado estiver o seu corpo, mais eficaz será o exercício.

Braços e mãos não devem ficar excluídos do processo. Quando, por exemplo, estiver a deslocar a energia, ao longo seu tronco, também estará a deslocá-la ao longo dos seus braços.

Da teoria à prática...
Desapegar a energia

1. Concentre a atenção na sua cabeça. Sinta a

sua cabeça.

2. Sinta a energia da sua cabeça.
3. Através da sua vontade e intenção, desloque essa energia pelo seu corpo abaixo, em direção aos pés.
4. Assim que a energia chegar aos pés, ela deverá percorrer o caminho de volta para a cabeça, e assim, continuamente, da cabeça para os pés e dos pés para a cabeça, sem interrupção.
5. Lentamente, vá aumentando a velocidade com que desloca a energia.
6. Cada vez mais rápido.
7. Cada vez mais rápido.
8. Comece a diminuir a velocidade.
9. Cada vez mais lento.
10. Cada vez mais devagar, até que a energia (que iniciou sua jornada na cabeça) termine estacionada nos pés.

Renovar a energia

Este é o último exercício e deve ser executado, logo após o exercício anterior. Tem o objetivo de libertar energia estagnada e criar uma cúpula energética dentro do local de trabalho, quarto, sala etc. É um procedimento de limpeza e purificação energética.

Da teoria à prática...
Libertação voluntária de energia

1. Sinta as plantas dos pés.
2. Visualize a energia, saindo em forma de fachos, pelas plantas dos pés.
3. Visualize a energia, saindo em forma de fachos, pelo topo da cabeça.
4. Visualize a energia, saindo em forma de fachos, pelo lado direito do seu corpo, do lado direito do rosto até o bordo externo do pé direito.
5. Visualize a energia, saindo em forma de fachos, pelo lado esquerdo do seu corpo, do lado esquerdo do rosto ao bordo externo do pé esquerdo.
6. Visualize a energia, saindo em forma de fachos, por toda a extensão posterior do seu corpo.
7. Visualize a energia, saindo em forma de fachos, por toda a extensão frontal do seu corpo.

Pratique diariamente todos esses exercícios. Eles podem e devem ser utilizados caso se formem bloqueios energéticos no seu corpo, mas serão melhor aplicados se forem praticados como meio de profilaxia.

7. LIMPEZA E PURIFICAÇÃO ENERGÉTICA DE ESPAÇOS

Limpar e purificar espaços

A casa é o retrato do seu dono
Antero de Figueiredo

Apresento neste próximo capítulo o método de limpeza e purificação de espaços, sugerido por mim. A energia de nossa casa é uma extensão e um reflexo da nossa própria energia. Uma casa «doente» pode ser sinônimo de um corpo e uma vida igualmente «doentes». Na prática de uma boa autodefesa energética é tão crucial observar a nossa própria energia, quanto é sentir a energia do lar onde se habita. É possível, através da auto-observação, detectar alterações energéticas no espaço em que habitamos. À semelhança do que acontece com o nosso corpo, a energia estagnada no interior do espaço em que vivemos, pode fazer surgir doenças e distúrbios, em vários planos de nossas vidas.

A energia não é nem positiva, nem negativa. Energia é perfeição! Vivemos em constante troca de energia e o que fazemos com essa mesma energia é o que a torna positiva ou negativa. Quando pensamos em coisas boas e temos pureza no coração, o ambiente que habitarmos será positivo. Se, entretanto, desenvolvemos pensamentos negativos ou se nossa casa é frequentada por pessoas que cultivem sentimentos negativos, como a inveja e a raiva, então o ambiente e a energia da casa serão contaminados negativamente.

Não é apenas no nosso corpo, que se desencadeiam bloqueios energéticos. O lar onde vivemos pode ser alvo do mesmo tipo de bloqueio, caso esse não receba atenção adequada, amor e asseio.

Uma amiga contou-me que sua mãe viveu numa casa que antes havia sido um lar para idosos. A casa permaneceu desabitada durante dez anos até ela se mudar para lá. Sempre que visitava a mãe nessa mesma casa, onde passou a viver durante alguns anos, esta minha amiga descrevia um sentimento de "energia morta" circundando o espaço. Segundo ela, ouviam-se muitos ruídos de móveis e portas a ranger, era frequente ter algum aparelho elétrico avariado ou até mesmo lâmpadas que tendiam a fundir. Para além disso, taças e copos partiam-se, espontaneamente, dentro do armário da cozinha e a porta de um dos quartos se fechava sozinha, sem a influência de correntes de ar. Além disso, a sua mãe andava triste e cabisbaixa, e os negócios que geria também já não fluíam da melhor forma. Este é, portanto, um bom exemplo de um lar com bloqueios energéticos, como pudemos constatar.

Minha amiga contou-me também que, dificilmente, conseguia frequentar a casa da mãe, por um período superior a 30 minutos, e que depois de ter purificado a energia da casa, através do método aqui sugerido, notou que a atmosfera desse espaço tornou-se mais leve e o "cheiro a morte" havia desaparecido. Perguntei-lhe se, para além desse método havia também usado algum outro produto de limpeza, como um detergente, e ela respondeu-me que não. *«Enquanto limpava os armários da casa, a taça tibetana caiu-me da mão por duas vezes!»* disse ela.

Sentir o ambiente

O que pode ser observado dentro de casa? Para além das alterações detectáveis através da auto-observação e que podem ser notadas quando nos encontramos dentro de casa, tais como alterações no ritmo cardíaco ou respiratório e dores de cabeça, existem muitos outros fatores que podem ser levados em consideração quando se fala em energia estagnada. Eis alguns exemplos:

Alterações no comportamento dos que coabitam a casa – constantes discussões, desentendimentos, pessoas a adoecerem e outros sintomas citados nos capítulos 4 e 5.

Alterações no comportamento dos animais domésticos – Os cães, por exemplo, agem de forma diferente, afastando-se ou tornando-se mais agressivos, quando estamos com excesso de energia de outras pessoas. Os cães, tal como outros animais domésticos, sentem a energia dos donos e, caso essa esteja em desequilíbrio, isso produzirá alterações no comportamento desses animais.

Há já vários anos, durante uma conversa, uma amiga perguntou-me se eu lhe conseguia explicar o motivo pelo qual o seu cão andava triste, cansado e distante. Perante tal questão apenas lhe perguntei como ela se sentia ultimamente e a sua resposta foi: *«sinto-me triste, cansada e distante»*. Estava dada, em suas próprias palavras, a resposta à sua questão.

Eletrodomésticos que se avariam com frequência, lâmpadas que fundem constantemente e copos de vidro e espelhos que se partem de forma espontânea – Tal como citado na história, descrita anteriormente.

Depoimento do aluno José Pedras, aqui citado como um exemplo concreto e praticamente perfeito de um processo de fusão energética entre dois seres: humano e animal. Neste caso, poderemos observar como um animal pode absorver a energia do seu dono e desenvolver padrões de comportamento e, até mesmo, patologias semelhantes.

O meu pai nunca foi pessoa de gostar de animais. Muito pelo contrário, sempre desdenhou decididamente quem os passeava e os alimentava. No entanto, há uns anos para cá, tomou conta de uma serração que lhe deu conta da saúde. Muito trabalho e pouco tempo sequer para descansar, faziam dele uma pessoa ainda mais azeda e de trato complicado. Um dia nessa serração apareceu uma pequena cadela que ia sendo alimentada pelos trabalhadores. A minha mãe também a acarinhava e ele foi-se habituando à presença dela. Ficou quase como mascote, tinha local para dormir, comida e acabou por ser a companhia do meu pai. Nessa altura, o estado de saúde dele deteriorou e deu para perceber que quem mantinha algum equilíbrio na saúde do meu pai era mesmo a Núbia (nome dado pela minha mãe à cadela). Era com a cadela que ele conseguia desanuviar um pouco e manter-se são. Um dia a cadela, cumprindo a sua missão, partiu. Ingeriu umas lagartas venenosas que caíam dos pinheiros e passado poucas horas, nem o veterinário a conseguiu salvar. Nunca tinha visto o meu pai chorar daquela maneira. Enterraram a Núbia e durante uns tempos o choro manteve-se.

No entanto a vontade de ter uma "substituta" fez com que oferecessem à minha mãe uma cocker spaniel, que o meu pai logo adotou. Chamaram-lhe de Luna. De seguida veio ainda uma gata, que por eu ser alérgico tive de doar aos meus pais. A gata é intratável e só respeita a minha mãe. A cadela é a "alma gêmea" do meu pai. Muito meiga e obediente, mas quando ele aparece o resto do mundo deixa de ter interesse, só lhe responde a ele.

O interessante no meio disto tudo é que a cadela segue-o para todo o lado e imita-o em tudo, até no ressonar! Há uns tempos demos conta que ela deixou de saltar para o sofá ou sequer de colocar as patas nas nossas pernas como fazia antes. Mexia-se com alguma dificuldade ao contrário do que era costume. Levaram-na ao veterinário e qual não foi o espanto, a cadela tinha desenvolvido a mesma enfermidade que o meu pai, uma hérnia discal! Ah e já agora, se eu achava que mais nenhum ser no mundo conseguia adormecer em dois segundos e em qualquer lado, para além do meu pai, bem... a Luna faz o mesmo.

Limpeza e purificação energética de espaços

O processo é bem simples. Vai precisar de um pacote de sal grosso, uma vassoura, uma pá (apanhador), um saco de lixo e uma taça tibetana média ou, em alternativa, um espanta espíritos de metal.

A limpeza deve ser feita, de preferência, quando ninguém mais estiver no interior do espaço.

Deixo aqui o depoimento de Cláudia Queiros, sobre a sua primeira experiência com essa forma de se limpar e purificar a energia de espaços. A Cláudia me enviou esse depoimento após uns dias de ter participado do curso:

Olá Denis. Hoje finalmente consegui fazer a "limpeza energética" na casa. Custou-me um bocado, tive tanto sal para apanhar que, por momentos, pensei em desistir, porque por vezes senti vertigens, muito cansada ou sem forças. Mas lá consegui terminar. É impressionante o ambiente que ficou depois de apanhar o sal todo! Neste momento sinto a casa tipo ZEN até eu sinto-me ZEN. Bjs! Boa semana de trabalho e obrigada Denis

Agora, vamos aprender a limpar e purificar e energia dos espaços, passo à passo.

Da teoria à prática...
Limpeza e purificação de espaços

1. Feche todas as portas, janelas e saídas, deixando apenas uma via de passagem de ar aberta. A idéia aqui é não permitir a interferência de energias exteriores durante o processo. Também pelo mesmo motivo será aconselhável não estarem outras pessoas, dentro do espaço, enquanto decorrer a limpeza.

2. Espalhe um punhado de sal grosso por todos os cantos da casa ou do local de trabalho. Certifique-se que todos os cantos são alvo da sua atenção. Inicia-se aqui o processo de absorção de energias estagnadas através do sal grosso.

3. Mantenha todas as saídas/entradas do espaço fechadas, enquanto abre, uma à uma, cada gaveta ou porta de armário existente no espaço. Embora espaços como os armários da cozinha e do quarto costumem ter uma movimentação periódica, estão também a acumular energia, de forma constante.

4. Socorrendo-se da taça tibetana ou do espanta espíritos, produza um som retumbante dentro das gavetas e armários, e outros móveis cujas portas foram abertas.

Proceda de igual forma para cada canto da casa e por detrás das portas. Em termos práticos, nada mais é do que oscilar o espanta espíritos ou, em alternativa, fazer ressoar a taça de som tibetana por meio do toque do bastão. A taça tibetana e o espanta espíritos têm o poder de absorver e transformar a energia de baixa vibração. O objetivo principal deste ponto é movimentar as energias estagnadas para que estas se movam para fora dos compartimentos e sejam absorvidas pelo sal grosso, espalhado no chão.

5. Depois de terminar este procedimento, aguarde 5 ou mais minutos, para que as energias estagnadas nos cantos e móveis sejam absorvidas pelo sal grosso.

6. Ainda com portas e janelas fechadas, recolha o sal de todo o espaço, depositando-o num saco de lixo à parte. Tenha especial atenção para não depositar o sal no balde de lixo de casa. Caso contrario a energia permanecerá dentro da casa.

7. Em seguida, abra todas as portas e janelas do espaço, para que a energia se renove. As correntes de ar funcionarão aqui como o veículo de transporte da nova energia que alimentará o espaço.

8. Deite fora o saco com o sal grosso, o mais breve possível.

DEPOIMENTOS

Sendo este um livro focado no EU interior e direcionado a todos os que procuraram uma maior consciência do seu poder energético, decide partilhar com o leitor alguns depoimentos de participantes do Curso de Auto Defesa Energética®, já realizados em Portugal. Cada um é parte de um processo criativo de ordem maior, que me auxiliam diariamente a projetar novas técnicas e formas de abordagem, no sentido de disponibilizar este mesmo conhecimento e aprendizagem. São já várias as pessoas que escolheram participar deste curso e, de certa forma, revelam que se sentem «unidas» e parcelas integrantes de um ciclo humano de energia.

Maria Fátima Brandão

Olá, Denis!
Muita Luz para você e de certeza que está tudo bem contigo.
Bom, chamo-me Maria de Fátima e devo dizer que fui para este curso sem saber exatamente em que este consistia. Pensei: serão exercícios de Meditação? Como nos defendermos energeticamente? Associei a algo que poderia ajudar-me nos problemas de saúde, físicos e mentais.

Ainda bem que participei, adorei o curso, o Denis é uma pessoa calma, que transmite tranquilidade, Paz de espírito, conhecimento do que está a dizer, deixa-nos relaxados e com curiosidade do que vai dizer a seguir. Falo por mim, estaria outras tantas horas absorvendo cada ensinamento e cada relato de sua própria experiência. Ajudou-me a compreender muitas coisas e a ter outra visão da vida em particular. Vou fazer tudo para executar os exercícios que nos ensinou e conseguir ter resultados positivos na vida.

Denis tudo de bom para ti e que estes ensinamentos se proliferem de forma a que todos tenham acesso e assim o mundo melhore a todos os níveis.
Um grande abraço. "

José Sobral - Padre franciscano aposentado

Meu estimado amigo, como me sinto contente por haver estado consigo e as demais colegas de turma, no curso de Defesa Energética. Muita coisa que se aprendeu consigo, não é qualquer um que o faz com o carinho e os saberes, como o Denis faz. Vivo uma espiritualidade intensa. Formado em Ciências da Religião, muito admirador do Budismo, e Espírita Allan Kardek. Tudo o que nos ensinou faz sentido e deve ser vivido por cada um de nós. No voluntariado que faço aos idosos, por Matosinhos - Junta de Freguesia e Câmara de Matosinhos - uso o Reiki para atenuar sofrimentos e lágrimas. Revi, no Denis, um Missionário de grande valor. Por isso posso dizer que espiritualmente já lhe ganhei amor - "Agape".

Foi, portanto, uma bênção que recebi de Deus, através do Denis para quem rogo as melhores venturas e seja compensado pelo trabalho multiverso que faz, verdadeira promoção da elevação da alma que todos necessitamos para ajudar o mundo a ser melhor. Permita-me rogar-lhe que me aceite como seu amigo do coração, com a sinceridade inteira que nestas palavras lhe dirijo. Um até breve.

Marisa - Diretora de recursos humanos

Achei o curso bastante interessante, na minha profissão, por vezes tenho que lidar com situações, que de alguma maneira me atingiam, e me apanhavam distraída, com esse curso aprendi a observar os sinais para evitar esse tipo de acontecimento, aprendi também a observar a minha própria energia, podendo tirar maior partido disso! Recomendo!

Jacinto Borges - Trabalho Espiritual.

Gostei do Curso de Autodefesa Energética.
Denis Alves é um comunicador nato. Ele transmite as mensagens de maneira simples e esclarecedora.
O Curso de Autodefesa Energética dá-nos a informação necessária para sabermos como nos defendermos de pessoas com energias negativas e de ambientes negativos que nos circundam.
Os exercícios que aprendemos no curso ensinam-nos a trabalhar com a energia, permitindo-nos ter a sensibilidade para nos apercebermos das energias negativas.
A tomada de consciência destes fatos leva-nos a ter mais autodefesa energética.
Um abraço de Luz!

Paula Bastos - Advogada

Não é exagerado dizer que tudo mudou na minha vida. E tudo mudou porque passei a viver e a encarar a minha vida de outra forma. Passei a ter noção ou consciência que a minha vida, é Minha, e que é feita de momentos e que sou eu que comando esses momentos.

Assim como, passei a ter consciência que tudo aquilo que faço, desta ou daquela maneira, seja ela qual for, provem de uma escolha minha, motivada por várias razões, nomeadamente, amizade, amor, respeito pelo próximo ou simplesmente como forma de evitar qualquer fricção ou atrito com quem quer que seja.

Consequentemente, deixei de me sentir contrariada ou infeliz por fazer algumas escolhas que não são inteiramente do meu maior agrado, porque apreendi a respeitar e aceitar, de forma natural, essas minhas escolhas, porque as escolhi e as motivei em razões que, naquele concreto momento da minha vida, privilegiei em detrimento do meu maior ou menor agrado.

Acima de tudo, passei a gostar mais de mim (hoje, julgo que, até então, desconhecia esse gostar), a respeitar-me e a tentar criar na minha vida apenas aquilo que desejo.

Tudo isto aprendi com Grande Mestre Denis Alves, a quem muito agradeço.

Cláudia Mateus – Especialista em comportamento canino

Testemunho do nível 1:

Foi fantástico, foi a tomada de consciência das situações quotidianas.
Chamo-me Cláudia Mateus, sou profissional de

estética canina, tenho 34 anos e um filho de 11 anos.

Já conheço o Mestre Denis á cerca de 2 anos, experiência essa que tem enriquecido muito a minha vida física e espiritual.

Quando fiz o 1º nível estava a deparar-me com uma situação que muito me entristecia e me magoava, tanto a mim, como ao meu filho. Depois do trabalho, muitas vezes, ainda no carro, a caminho de casa, começava a discutir com o meu filho, falava alto, voz sempre rude, não tinha tolerância nenhuma. Pior era sentir, muitas vezes, que o meu filho vinha para se abraçar a mim e isso incomodava-me...

Quando ia para a cama, pensava como seria isto possível. Amanhã vai ser diferente! No entanto, sentia-me tão mal.

O "tal" dia seguinte só foi diferente e melhor quando fiz a formação, pois tomei consciência de que trazia imensa gente para casa e problemas que não eram meus.

Testemunho do nível 2:

No nível 2, para além de tantas outras coisas, aconteceu algo que passo a contar:

A minha mãe tem um lar de idosos e ficava super triste, pois sempre que eu lá ia sentia um cheiro muito desagradável (a velho, doença, morte..)

Como isto me causava confusão, não passava lá muito tempo.

Cheguei mesmo a oferecer á minha mãe perfumes ambientadores, para ligar às tomadas, mas mesmo assim o cheiro persistia.

Para além disto, a minha mãe contava-me que, durante a noite, a porta do quarto dela fechava-se sozinha, ouvia barulho na cozinha e ainda mais flagrante eram os pratos e taças de vidro, dentro dos armários, apareciam todas partidas.

No 2º nível o Mestre Denis ensinou-nos a fazer limpeza á casa com sal e com taça tibetana.
E foi o que fiz....
Desde esse dia nunca mais se viu nada disto acontecer e eu voltei ao lar, passado dois dias, e qual o meu espanto: o cheiro também desapareceu.

Sandra Ferreira Marques

Quando decidi fazer o primeiro nível do Curso de Autodefesa Energética, uma vez que acompanhava com bastante curiosidade o trabalho do Mestre Denis, desconhecia por completo que tipo de formação iria fazer naquele dia.

Naquela altura, a minha atenção estava naturalmente focada em perceber de que forma estava a contaminar a minha própria energia. Como consequência de alguns acontecimentos pessoais e profissionais que me causaram algum desequilíbrio e que me tentaram a deprimir, consegui perceber naquelas horas de formação que escolhi manipular a minha energia vital de forma angustiante.

O segundo nível, alguns meses depois, veio comprovar uma inevitável evolução pessoal, com a prática constante da auto-observação. Neste estágio final, percebo o quanto posso expandir o meu campo energético e o quanto posso contatar, mais e melhor, um grupo de pessoas/amigos/família.

Obrigado Mestre Denis e companheiro por este despertar do espírito e pela transformação positiva do meu discurso.

Liliana J. de Castro Tavares

Tenho 35 anos, casada e mãe de quatro filhos, trabalho numa empresa e nos tempos livres dedico-me ao Tarot.

A minha vida, muito agitada, com estrema ansiedade e uma alma desgastada. Sentia que de dia para dia as minhas energias não estavam equilibradas, tanto no meu corpo, como na minha casa.

Sempre pronta a ajudar quem me procura e a minha casa a desabar de dia para dia, os meus filhos já não eram ouvidos ou sentidos... principalmente ao final do dia na viagem do colégio até casa, era um autentico inferno... e eu sempre a perder o controlo das situações.

Tentei combater essa instabilidade, mas sem sucesso, era uma luta desleal, não entendia sequer com quem o contra o quê deveria lutar...

Adquiri o livro Auto Defesa Energética O Curso e desde então, enquanto desfolhava, senti que tudo aquilo que lia fazia sentido, encaixava em mim na perfeição!

Inscrevi-me de imediato no curso, e agora entendo ainda melhor o porquê de tudo aquilo baseado em " -COM-FUSÃO-"

E, os vampiros energéticos, que sempre me procuram tanto no trabalho, como nas amizades ou nas consultas de tarot, agora estão identificados "um a um", sei como me defender. Os meus filhos não terão mais a própria mãe como vampira energética! Pois era isso mesmo... após de estar em contato com outras pessoas que sugavam toda a minha energia, chegava ao final do dia "faminta" e "atacava" a energia dos meus próprios filhos, tudo isto de forma inconsciente mas devastadora para toda a minha família.

Bem haja Mestre Denis!

José Luis - Mestre de Reiki

Em 2011 encontrei-me numa situação de desemprego juntamente com minha esposa e ao fim de um mês o meu organismo a minha mente o meu "eu" encontrava-se de mal com a vida. "tudo me acontece" , "estou encostado para um canto", "nunca mais me vou levantar", e o meu pensamento levou-me a recorrer a uma ocupação, parte de mim puxava para eu ter uma ocupação mas o quê perguntava eu. certo dia levantei-me e disse á minha esposa vamos dar uma volta para sairmos desta monotonia , fui passear pelas ruas do porto e chamou-me a atenção uma loja de produtos esotéricos o mundo místico

*sempre gostei desse tema, entramos na loja e fiquei
fascinado com o que vi e mesmo em dificuldades
financeiras compramos uns produtos de que gostamos
muito na altura do pagamento fui convidado a fazer o
curso de auto defesa energética mas como estava muito mal
financeiramente eu pensei duas vezes porque o dinheiro
iria fazer falta para outras coisas, mas eu lá
me inscrevi no curso e acabei por fazer os dois
níveis de auto defesa energética , a minha vida começou a
mudar a partir do primeiro nível isto é no primeiro nível
estava desempregado e a minha esposa também no segundo
nível já estava empregado e a fazer o que ainda hoje faço e
na mesma empresa que é uma coisa que eu adoro que é
conduzir pesados, tratores de grande porte com atrelados e
até fazer viagens ao estrangeiro de vez em quando .*

*o curso deu-me o que eu precisava, coragem para seguir
em frente, agir sem medo, controlar a energia que me
rodeia, aprendi a observar-me constantemente , a limpar-
me energeticamente, a desbloquear a minha vida. o curso
serviu também para ouvir testemunhos de outros alunos e
seus problemas, serviu para convivermos e acima de tudo
ganharmos uma auto estima que há muito não tinha.
aprendi a relaxar através da meditação a manter-me o
mais calmo possível e a proteger o meu corpo dos vampiros
energéticos e a minha "casa". aconselho a qualquer pessoa
que esteja na situação que eu estive a fazer o curso de auto
defesa energética com o mestre Denis Alves, a respeito do
mestre nada a apontar é uma pessoa transparente sabe
tocar nos assuntos certos que nos estão a "matar aos*

poucos" e dá-nos as ferramentas para contornar essas situações.

havia muito mais a dizer mas a respeito de auto defesa energética descrevi o que mais me marcou em termos de viver melhor e sem aquele peso do fracasso nos ombros, DENIS és um grande mestre até mais...

NOTAS FINAIS

Este é um livro que destaca o poder que cada um tem para mudar a própria vida, através do Amor.

Quando era criança, curava dores físicas na minha mãe, sem saber muito bem o que estava a fazer, movido pelo amor ilimitado que sinto por ela.

O amor começa com uma atenção focada. No meu dia-a-dia, é comum encontrar casos de pessoas com distúrbios físicos e mentais e constatar que estas não possuem amor-próprio, vivem a vida dos outros, deixando sempre a sua própria vontade, para segundo plano. Em alguns casos, esse auto-abandono tem como consequência uma falta de vontade de viver. Uma pessoa doente é alguém que se desviou da via do amor.

Uma planta, por exemplo, necessita de água, de conversa,

de luz, de carinho e de amor para crescer e se desenvolver.

É evidente que, mesmo com todo esse amor, a existência de uma planta, um dia, chegará ao final. É o ciclo da vida. Porém, existe uma enorme diferença entre uma planta morrer porque é chegada a sua hora, e morrer por falta de amor, de água, de atenção e de carinho. Isto é abandono.

Energeticamente, o corpo físico necessita de oxigênio e o espírito necessita de amor.

O homem atual vive afastado desse amor, pois deixou de se observar. A atenção é um dos veículos da energia no plano físico e o homem, ao desviar a atenção de si próprio, está a negligenciar a própria energia. Viver a vida dos outros é apenas um exemplo desse auto-abandono.

O meu propósito com essa obra é fornecer ferramentas, indicar direções e trazer esperança para que o leitor possa conectar-se consigo mesmo, reconciliando-se com o amor. Voltar ao início, porque afinal, tudo começa com o amor.

Amem-se! Sejam felizes e energeticamente saudáveis!

Aproveito para terminar a jornada deste livro com a seguinte mensagem de amor e despertar, fazendo menção à minha newsletter que pode ser subscrita através do meu site www.denisalves.com

Ame-se

Um dia percebi que quanto mais desenvolvia amor para comigo mesmo, mais pleno de mim me sentia e, conseqüentemente, sentia-me melhor comigo e com os outros. Com o tempo, me tornava mais relaxado e isso me permitia reconhecer as possibilidades à medida que apareciam. Deixei de me preocupar tanto com os meus pensamentos e tornei-me mais observador das minhas atitudes e dos resultados das minhas atitudes. Mais interior e menos exterior. Comecei a estar em maior sintonia com a minha natureza e percebi que tudo o que necessito já se encontra aqui e agora. Só preciso seguir em frente. E tudo isso começou a partir do momento em que comecei a praticar um exercício simples, com o qual dou inicio a todas as minhas aulas de gestão de stress e que agora partilho com vocês:

Hoje quando for para a cama, antes de dormir, passe em revista o seu dia, focando-se apenas nos detalhes ou acontecimentos positivos desse dia.

No inicio parece muito difícil, pois estamos, muitas vezes, com a atenção focada no negativo. Mas com a prática, acontece um milagre! Começamos a estar mais atentos aos detalhes positivos ao longo de cada dia! Inconscientemente começamos a anotar mentalmente os detalhes que passaremos em revista quando estivermos a fazer o exercício à noite!

Desenvolvemos uma mente mais positiva. Uma mente que está à espera de coisas boas. Passamos a fazer nossas escolhas a partir de um ponto de vista positivo e focamos mais a atenção em nós mesmos. Isso aumenta a auto-estima e o amor-próprio. Começamos a pensar em termos de progresso!

Não existe falha. Apenas aperfeiçoamento.

Então? É um milagre ou não é? Vale à pena tentar!

SOBRE O AUTOR

Nasceu no Brasil e vive em Portugal desde 1998. É conferencista internacional, autor, técnico de Medicina Chinesa e representante da Associação Portuguesa de Reiki Essencial.

É considerado por muitos um mestre motivador. Através das suas formações, mensagens semanais e consultas, já inspirou um número incontável de pessoas a encontrar um caminho de luz, esperança e paz interior. Suas formações são recheadas de bom humor, boa disposição, mensagens motivadoras e conhecimento profundo. Denis Viatico é respeitado como especialista em desenvolvimento pessoal, tendo na última década aprendido com grandes nomes como Jim Rohn, Brendon Burchard, Bob Proctor, Eben Pagan e Kurt Stewart da International Coach Academy. É mentor do projeto *O Terapeuta de Sucesso* e treinou centenas de profissionais entre médicos, enfermeiros, terapeutas holísticos, personal trainers e empresários. Possui uma mente focada nos resultados, na noção de negócio e em estratégias e táticas poderosas.

Poderá contatá-lo através do site www.denisalves.com

Outros produtos com a assinatura do mestre Denis Alves Viatico:

O MANUAL DO VERDADEIRO TERAPEUTA DE REIKI

CD *REIKI A ENERGIA DO AMOR*

CD para tratamentos de Reiki, com um suave sinal sonoro de taça tibetana a cada 3 minutos.

CD *ALINHAMENTO DE CHAKRAS*

Cd com conteúdo terapêutico produzido pela Meg's Project Portugal, com música de Gentle, músico e criador do Meg's Project, e voz do Mestre Denis Viatico.

Este cd de seis faixas é uma sessão completa do método de alinhamento de chakras desenvolvido pelo Mestre Denis Viatico e possui técnicas de hipnose, meditações de cura, entre outras.

Denis Alves Viatico

CRÉDITOS

Prefácio: Sandra Andreia Marques

Edição de texto: Sandra Andreia Marques

Designer da capa: Cory Wright - USA

Printed in Great Britain
by Amazon